«Hier muss es sein»

T V Z

«Hier muss es sein»

BASLER WEIHNACHTSGESCHICHTEN

Herausgegeben von Andrea Meng und Luzius Müller

TVZ

Theologischer Verlag Zürich

Bibliografische Informationen der Deutschen Nationalbibliothek
Die Deutsche Nationalbibliothek verzeichnet diese Publikation in der
Deutschen Nationalbibliografie; detaillierte bibliografische Daten sind
im Internet über http://dnb.d-nb.de abrufbar.

Illustrationen
Isabelle Christ Wacker
© Christ, visuelle Gestaltung, Basel

Umschlaggestaltung
Mario Moths unter Verwendung einer
Illustration von Isabelle Christ Wacker

Satz und Layout
Mario Moths, Marl

Druck
Rosch-Buch GmbH, Scheßlitz

ISBN 978-3-290-17612-9
© 2011 Theologischer Verlag Zürich
www.tvz-verlag.ch

Vorwort

DIE WEIHNACHTSGESCHICHTE BEGINNT – so erzählt es das Lukasevangelium – mit «Es begab sich aber zu der Zeit ...». Dieser Anfang legt eine Spur und führt uns auf einen Weg. Jahr für Jahr. Wir wissen, was wir zu erwarten haben, wenn wir die Weihnachtsgeschichte hören oder lesen. Trotzdem lesen und hören wir sie gerne und erwarten sie mit Vorfreude. In Geschichten können wir uns bergen, indem wir sie erzählen, suchen wir selber unsern Platz darin und können uns einnisten in dem, was für das Verstehen zu gross und für das Erfassen zu geheimnisvoll bleibt.

Die Geschichten, die wir in diesem Buch zusammengetragen haben, beginnen – so erzählen es die Autorinnen und Autoren – ganz unterschiedlich. Auf den vielfältigen Spuren, die sie damit legen, wollen sie doch alle an den gleichen Ort führen. An den Ort, an dem wir überrascht und voller Freude sagen können: «Hier muss es sein!»

Den Titel verdankt die vorliegende Geschichtensammlung den Weisen aus dem Morgenland – oder vielmehr Franz Christ, der jene Weitgereisten in seiner «Ariel»-Geschichte mit diesen Worten verwundert und freudig bewegt die Krippe finden lässt. Unter diesem gemeinsamen Titel stehen nun ganz unterschiedliche Weihnachtsgeschichten nebeneinander, die deutlich erkennbar die Handschrift der einzelnen Autorinnen und Autoren tragen. Da stehen Geschichten von Einzelnen, die ihren Weg gehen, neben solchen, die einen kindlichen Blick auf das Weihnachtsfest werfen. Geschichten, die unverkennbar in Basel entstanden sind, ergänzen solche, die politisch, astronomisch oder ironisch von Weihnachten erzählen.

Alle Erzählungen sind bisher unveröffentlicht und stammen aus der Feder berufstätiger und pensionierter Pfarrpersonen aus Basel-Stadt und Basel-Land. Zwei Geschichten sind in Mundart gehalten: die von Clemens Frey im Dialekt der Stadt, jene von Philipp Roth in einem Dialekt der Landschaft. Wir erachteten sie als unübersetzbar. Alle anderen Texte sind um der besseren Lesbarkeit willen in Standarddeutsch verfasst.

Bevor wir uns von den Geschichten mit auf den Weg nehmen lassen, möchten wir einen herzlichen Dank aussprechen: zunächst an die Autorinnen und Autoren, die uns ihre Geschichten zur Verfügung gestellt haben, und an Isabelle Christ Wacker, die sie illustriert hat. Ein Dank gebührt auch Kathrin Klinger für ihre Mithilfe und schliesslich dem Theologischen Verlag Zürich, auf dessen Initiative hin dieses Buch entstanden ist.

Andrea Meng und Luzius Müller

Inhaltsverzeichnis

Hans Rapp

Sternenstaunen

ER LEUCHTETE MIT DEN ANDERN UM DIE WETTE.
Von der Erde aus gesehen, strahlte er stärker als seine
Mitsterne. Er wusste es, und er war stolz darauf. Er nahm
wahr, dass Menschen immer wieder besonders auf ihn
zeigten, häufig staunend und voller Freude. Eigentlich
gehörte er zu einem grösseren Sternbild. Er gehörte ge-
wissermassen zu einem Team. Dass aber insbesondere
er Beachtung fand, entsprach seiner Sicht der Dinge. Er
sonnte sich in dieser Bewunderung. Die Eifersucht der
andern belächelte er nur.

Er hatte nichts übrig für das Getue, das die Menschen
machten, wenn sie unter dem Sternenhimmel standen.
Er beargwöhnte die Mütter, die ihren Kindern das Lied
von den «Sternlein am Himmelszelt» sangen. Es wider-
strebte ihm, wenn Erwachsene auf ihn zeigten und dabei
etwas Sentimentales von ihrem verstorbenen Grossvater
erzählten.

Trotz der Hitze, die ihn zum Leuchten brachte, blieb
er innerlich kühl und wusste: Eigentlich bin ich nur ein
physikalisches Gebilde; in einem komplizierten Vorgang entstanden aus der Verdichtung von Gasen. Auf

diese Weise war er einmal geboren worden, und so würde er einmal wieder sterben. Wie alles im weiten Universum – ein natürlicher Vorgang. Was sollte das emotionale Geschwätz über die Sterne? Dass manchmal ein guter Stern über einem Weg stünde? Ihm war solches Gerede lästig.

Bis eines Nachts an seinem Himmel ein helles Strahlen aufleuchtete. Heller denn je. Dazu erklang ein himmlischer Gesang. So etwas hatte er zuvor weder gesehen noch gehört. Seines Wissens hatte es das noch nie gegeben. Ein erstaunlicher Friede begleitete die Erscheinung und erreichte auch ihn. Zwar konnte er dieses sonderbare Geschehen nicht einordnen, aber diesmal war keine Erklärung nötig. Es reichte, dass es ihn interessierte und berührte. Er erkannte sofort: Das Licht und der Gesang begleiteten Neues, das in die Welt hineingeboren wurde. Ein anderes, unerklärliches Licht hatte die Welt erreicht und leuchtete neben ihm und über ihm und all den anderen Millionen Sternen. Ein Licht, das die Menschen in ihrem Inneren noch stärker berühren würde als der Sternenhimmel. Etwas hatte hineingeleuchtet in ihr Leben, das manchmal so hell und manchmal so dunkel war: Das neue Licht ermutigte und bestärkte die Menschen.

Dies alles wurde dem Stern auf einmal klar. Das helle Strahlen hatte auch ihn getroffen. Der Stern sandte nun sein Licht zur Erde, nicht mehr, um sich selber zu gefallen, sondern um sich und die anderen damit zu erfreuen. Sein Leuchten hatte einen Sinn. Ganz zart begann er, die eigene Wärme in seinem Inneren zu spüren, wohltuend und leicht. Ganz langsam begann er, seine Mitsterne wahrzunehmen, nicht als Konkurrenten, sondern in ihrem eigenen Leuchten (worüber er sich eigentlich schon längst hätte freuen können – aber eben). Noch fiel es ihm schwer. Aber er wusste nun: Die Verhältnisse durften sich ändern. Es würde auch ihm guttun. Und ihr gemeinsames Sternbild würde noch viel schöner leuchten.

Der Stern blieb Stern; vergänglich und letztlich ein winzig kleines Element in der Grösse des Universums – auch nach dem Erlebnis des hellen Lichts. Er musste sein Weltbild nicht aufgeben. Aber ihm war aufgegangen, dass es zwischen Himmel und Erde noch anderes gab: unerklärlich schön und doch wirklich erfahrbar, das Licht der Hoffnung und der Klang des Friedens. Glücklich leuchtete der Stern hinfort. Wer weiss, vielleicht wartet eine Aufgabe auf ihn? Menschen leiten? Zu einem besonderen Ort? Und dort eine Weile stehenbleiben?

Franz Christ

Er ist der Friede

NACHDEM DIE MENGE der himmlischen Heerscharen
gesungen hatte: Ehre Gott in der Höhe, kehrte sie wieder
in den Himmel zurück. Einer der Engel aber blieb über
den Feldern von Betlehem schweben und blickte auf die
Erde. Was habe ich gesungen? Von Gottes Ehre im Himmel und vom Frieden auf der Erde sehe ich nichts; nur,
wie die Römer Krieg führen und Völker unterwerfen.
Ich höre, wie sie die Sklaven, die den Aufstand wagen,
ans Kreuz schlagen. Wie der Kaiser sich ehren lässt wie
ein Gott. Wie sie das Geld und die Macht anbeten. Auch
wenn Engel ihnen den Frieden vom Himmel her zusingen,
ändert sich daran nichts. Ich muss die Menschen lehren,
Gott die Ehre zu geben und endlich Frieden zu machen.
So begab sich der Engel mit den Hirten auf den Weg nach
Betlehem. Obwohl sie eilends unterwegs waren, hatte er
sie schnell eingeholt. Unsichtbar näherte er sich zweien,
die eifrig miteinander sprachen. Atemlos machte der eine
dem andern Vorwürfe: «Bis jetzt hast du immer über die
Hoffnung auf den Messias gespottet. Und nun willst du
der Erste sein, der ihn zu sehen bekommt? Tu doch nicht
fromm! Kümmere dich um unsere Schafe.» Der andere

wehrte sich, er habe den Glanz der Engel als Erster gesehen. Besorgt schlug der Engel mit den Flügeln: Wie sollte das enden, wenn schon die ersten Empfänger der Weihnachtsbotschaft sich stritten? Mit ihnen musste er nun den Anfang machen. Er wollte sie ansprechen und sie zum Frieden ermahnen. «Streitet nicht! Heute ist doch Weihnachten!» Aber Engel werden von den Menschen nur erkannt, wenn sie von Gott gesandt sind. Er hatte keinen Auftrag. So hörten sie ihn nicht und zankten sich weiter, ein verletzendes Wort folgte dem anderen. Der Engel blickte ratlos auf den Streit der Menschen. Wo war der verkündete Friede geblieben?

Ich versuche es in Betlehem, dachte er, denn er hatte eine Engelsgeduld. In der Stadt, aus der einst David kam, werden sie Gott fürchten und den Heiland friedlich empfangen. Er überholte die Hirten und erreichte Betlehem. Die Strassen und die Plätze, die Häuser und Höfe waren voller Menschen. Er sah Einheimische und solche von weither. Wohlhabende und Arme. Der Engel betrat ungesehen eine Herberge, in der man sich gerade zu essen anschickte. Im Hof hatten Kaufleute die kostbaren Lasten von ihren Kamelen genommen. Sie strebten in die erleuchteten Räume an die reich gedeckten Tische. Draussen sassen diejenigen, die nichts hatten, müde auf ihren Bündeln, und warteten, bis sie an der Reihe waren. Die Schüsseln sind leer gegessen, hiess es plötzlich. Da begehrten die, die leer ausgegangen waren, auf und forderten hungrig ihr Recht. Der Engel wollte sich Gehör verschaffen: «Gebt doch von eurem Überfluss denen, die Mangel leiden.» Aber auch diesmal drang seine Stimme nicht durch.

Er verdrückte sich in die hinterste Ecke des Hofes und stiess an eine Tür. Sie öffnete sich und er befand sich im Stall. Erstaunt sah er die Futterkrippe, von welcher der Verkündigungsengel im Glanze des Herrn gesprochen hatte, und das in Windeln gewickelte Kind. Ein Ochse und ein Esel frassen und wärmten den kalten Winkel mit ihrem Hauch. Ausser ihrem Kauen war nichts zu hören. Der Engel staunte über die Ruhe und raunte ihnen zu – denn Engel verstehen die Sprache der Tiere: «Ich wollte den angekündigten Frieden stiften; aber es ist mir nicht gelungen. Er ist auf Erden nicht zu finden.» Da gab der Esel ihm ein stummes Zeichen und sprach leise: «Störe den Frieden nicht. Er ist der Friede. Geh mit den Menschen, und bleibe ihnen nahe, dass sie nicht vergessen, was sie in der Krippe gefunden haben.»

So hat es der Engel seither getan. Er hat die Menschen ermutigt, trotz allem, was sie hindern wollte, mit den Hirten in den Stall hineinzugehen. Kamen sie unversöhnt oder ungläubig, so sollten sie doch nicht aufhören, sich über das Engelwort zu verwundern. Denn das Kind in der Krippe macht Gott im Himmel Ehre und schenkt uns hier auf der Erde den Frieden mit Gott. Jetzt können wir Menschen ihn auch untereinander finden.

Franz Christ

Näher beim Kreuz als bei der Krippe

ALS DIE HIRTEN GESAGT HATTEN: «Lasst uns nach Betlehem gehen und die Geschichte sehen, die der Herr uns kundgetan hat», da entgegnete einer von ihnen: «Seid ihr so sicher, dass der Engel mit der Stadt Davids nicht Jerusalem gemeint hat? David hat sie doch erobert und zu seiner Stadt gemacht. Dort ist doch die Mitte!» Und er trennte sich von den andern und ging seinen eigenen Weg.

Noch in der Heiligen Nacht kam er bis vor die Stadt. Ihre Tore waren freilich verschlossen. Erst am frühen Morgen öffneten sie und er fand Einlass. Sogleich stieg er zum Tempelberg hoch. Dort müssten sie wohl am besten wissen, wo der Heiland geboren sei. Er stiess zuerst auf einen Tempeldiener. «Hast du gehört, wo der neugeborene Heiland ist?» «Dir hat nur geträumt!», erwiderte der Mann. Der Hirt schüttelte betrübt den Kopf und suchte einen anderen Ansprechpartner. Endlich fand er einen Priester. Als dieser vom Engel und dem Lichtglanz hörte, meinte er: «Es mag vielleicht etwas Übersinnliches gewesen sein. Aber du darfst solche Botschaften nicht so wörtlich nehmen, sie sind wohl eher symbolisch gemeint. Wir warten noch immer auf den Messias.» Und er wandte sich ab. Enttäuscht stand der Hirt da. Im Tempel wollte offenbar niemand etwas von der Geburt des Retters wissen.

Wie er so mit leeren Händen dastand, kam ihm wieder in den Sinn, was er gehört hatte: «Ihr werdet ein neugeborenes Kind finden, das in Windeln gewickelt ist und in einer Futterkrippe liegt.» Eine Futterkrippe war wohl weniger im Stadtzentrum als in einem der Dörfer vor der Stadt zu finden. Er schritt vom Tempelberg durchs Tor hinaus ins Kidrontal und den Ölberg hinauf bis ins Dorf Betfage. Schon vor dem ersten Haus standen zwei Esel. In der Nähe war ein Gehege für Schafe und Ziegen. Das war die Umgebung für Futterkrippen.

Plötzlich stand eine Frau vor ihm. Sie hielt ein Kind im Arm und an ihrem Rock hielten sich noch zwei andere. Ihr Gesicht war verweint. Der Hirt schaute sie unsicher an. «Warum weinst du? Ich habe einen Engel gesehen, der sagte, uns sei der Heiland geboren. Das Kind liegt in einer Krippe. Ist es in eurem Dorf?» Sie wischte sich die Augen, sah ihn entgeistert an und antwortete: «Ich weine, weil ich meinen Mann, den Vater der Kinder verloren habe, und nicht weiss, wie es mit uns weitergehen soll.» Zögernd fragte der Hirt: «Hast du mir etwas zu essen? Dafür könnte ich dir helfen und mich um die Tiere kümmern.» Ebenso zögernd willigte sie ein.

Aus den Tagen des gegenseitigen Aushelfens wurden Wochen, Monate. Die beiden hatten sich aneinander gewöhnt und mochten sich. Er hatte den Heiland nicht gefunden, dafür aber den Menschen, mit dem er das Leben teilen konnte. So vergingen Jahre, Jahrzehnte. Die Kinder wurden gross. Sie sorgten nun für die Herden. Der Hirt kümmerte sich in seinem Alter nur noch um die beiden Esel. Zu seiner Freude hatten sie ein Füllen bekommen. Es sprang munter herum. Aber noch durfte niemand auf ihm reiten. Liebevoll streichelte der Hirt über den Rücken des Füllens und band es vor dem Haus an einen Pfosten.

Da traten plötzlich zwei Männer heran und lösten den Strick. «Warum bindet ihr es los?», unterbrach er sie. «Der Herr braucht es!», sagten sie freundlich, aber bestimmt. Wie angewurzelt stand der Hirt da. «Der Herr braucht es.» Das war so fröhlich und gewiss gesprochen wie das Wort des Engels, das jetzt aus der Vergessenheit wieder in ihm aufstieg. Willig überliess er ihnen das junge Tier und folgte ihnen mit einigem Abstand. Und er sah, wie sie das Füllen ihrem Herrn brachten, ihre Kleider auf es warfen und ihn aufsteigen liessen und wie er vom Ölberg hinunter ritt. Die Menge, die ihn umgab, aber rief: «Gepriesen sei, der da kommt, der König, im Namen des Herrn! Im Himmel Friede und Herrlichkeit in der Höhe!»

Endlich hatte der Hirt den Heiland gefunden. Freilich näher beim Kreuz als bei der Krippe.

Franz Christ
Ariel

ALS JESUS GEBOREN und in Windeln gewickelt war und in einer Krippe lag, da nahm das in Betlehem niemand zur Kenntnis – und erst recht nicht in der Hauptstadt Jerusalem. König Herodes war damit beschäftigt, Festungen und Gefängnisse zu bauen, da er furchtbare Angst hatte, es wolle ihm jemand ans Leben. Da kamen aus dem fernen Osten Leute, die sich erkundigten, wo der neugeborene König der Juden sei; sie hätten seinen Stern gesehen. Herodes erschrak. Seine Schriftgelehrten fanden heraus, dass aus Betlehem der von Gott gesalbte König erwartet wurde. Er schickte die Reisenden dorthin: Wenn sie ihn gefunden hätten, sollten sie wiederkommen und es ihm sagen, damit er auch hingehen könne, um den neuen König zu verehren.

Kaum waren sie weg, rief Herodes nach Ariel, seinem Sicherheitsbeauftragten. «Geh sofort nach Betlehem, finde heraus, wo ein Kind ist, das König werden könnte, und bereite alles vor, um es auszuschalten.» Ariel machte sich auf den Weg und gelangte in die Stadt. Sie war überfüllt von Menschen, die aus allen Himmelsrichtungen gekommen waren, um sich in die Steuerlisten einzutragen. Der

Kaiser in Rom hatte verlangt, alle müssten sich in ihrem Heimatort melden. Jetzt waren sie alle da: zu Hause und doch nicht heimisch. Ariel fühlte sich, wenn er sie reden hörte, selber fremd. Er dachte sich: Ich fange in der Mitte an, in den Häusern der eingesessenen Familien. Er schaute da in einen Hof und dort zu einer Tür hinein. Er fragte nach kleinen Kindern und merkte sich die Orte. Er zählte die Knaben unter zwei Jahren und versuchte, sich verdächtige Gesichter einzuprägen.

Immer weitere Kreise zog er und gelangte zu den äussersten Häusern am Rand der Stadt. Inzwischen war es dunkel geworden und Wind kam auf. Erste Tropfen fielen und bald prasselte heftiger Regen auf die Dächer. Ariel sah sich nach einem Unterstand um. Neben einem Gehege voller Schafe stand eine Stalltür offen. Er trat ein und schüttelte das Wasser von seinen Kleidern. Eine kleine Laterne brannte. Erst nach einer Weile sah er im Halbdunkel einen Mann stehen. Am Boden schlief auf einer Schütte Stroh eine Frau. Als seine Augen weiter schweiften, bemerkte er im Futtertrog ein weisses Bündel – ein kleines Kind. Der Esel am Trog schien es mit seinem Atem zu wärmen. Von diesen drei konnte keine Gefahr für Herodes ausgehen. Beim Anblick des schlafenden Kindes vergass Ariel seinen Auftrag.

Während er entwaffnet im Licht stand, drängten drei Männer fast gleichzeitig durch die enge Tür. Sie waren prächtig gekleidet mit farbigen Turbanen und trugen in ihren Händen Geschenke, die golden glänzten. «Hier muss es sein», sagte der Erste. «Hier ist er, der die Menschheit rettet», sagte der Zweite. Und der Dritte sagte: «Wir haben den Heiland der Völker gefunden.» Und sie legten ihre Geschenke neben das Kind in die Krippe.

Ariel war zurückgewichen und hatte Platz gemacht. Als die drei vor dem Kind knieten, trat er zu dem Mann in der Ecke, der wohl der Vater sein musste. Leise zog er ihn vor die Tür und flüsterte ihm ins Ohr: «Nimm das Kindlein und die Mutter und flieh vor Herodes.» Dann wandte er sich und ging.

Zu Hause empfing ihn seine Frau: «Ariel, hast du den Verdächtigen gefunden und gefasst?» – «Ich habe viele Menschen getroffen: Gehetzte, Verängstigte und Verdächtige. Ich sehe sie aber nun mit andern Augen. Gefunden habe ich ein Kind, in Windeln gewickelt und in einer Krippe liegend. Es ist der ganz andere König, den ich nicht fassen kann.»

Marianne Graf-Grether

Valentin

«NEIN, DAS GEHT AUCH NICHT!» Ein weiteres halb beschriebenes Blatt landet zerknüllt auf dem Boden. Valentin steht auf und geht in die Küche. Der nächste Espresso tropft aus der Kaffeemaschine, der dritte schon an diesem Abend. Valentin wird nicht einschlafen können, einmal mehr. Aber an Schlaf ist ohnehin nicht zu denken, nicht bevor die Weihnachtspredigt wenigstens im Entwurf auf dem Schreibtisch liegt. Er sucht zwischen Papier und aufgeschlagenen Büchern einen Platz für die Tasse und legt ein neues Blatt bereit. «Da sagte der Engel zu ihnen: Fürchtet euch nicht!» Vor Wochen hat er diesen Vers aus dem Lukasevangelium für seine Predigt am Weihnachtstag ausgesucht, ja er hat sich von ihm geradezu beflügeln lassen. Die Konfirmandenklasse hat ein wunderschönes Spruchband gemalt, das zwischen Kanzel und Lettner ausgespannt wird. Die goldenen Buchstaben werden im Kerzenlicht schimmern: Fürchtet euch nicht! Er hat sich so darauf gefreut, die Predigt zu schreiben, den ganzen Gottesdienst rund um diesen Zuspruch des Engels zu gestalten. Aber damals wusste er noch nicht, dass Susanne krank im Spital liegen und dass es höchst ungewiss sein würde, ob sie das Kind, das sie erwarteten, noch vier Monate lang würde austragen können, und ob es dann gesund zur Welt käme. Und dass er selber von Angst geschüttelt allein im grossen Pfarrhaus sitzen und eine Weihnachtspredigt über die Furchtlosigkeit würde schreiben müssen.

Aber genau so ist es jetzt.

«Fürchtet euch nicht!» Wie vollmundig das tönt. Ja, gut, ein Engel hat leicht reden. Der hat göttliche Vollmacht. Aber er, der Pfarrer in der grossen Angst um Frau und Kind, er kann das nicht sagen, und die Leute würden es ihm auch nicht glauben. Wie kann ein Mensch seine Angst loswerden, wenn sein Liebstes bedroht ist?

Valentin starrt ins dichte Schneetreiben vor dem Fenster. Unter der Strassenlaterne sieht er die Flocken tanzen.

Wie damals ... Damals vor ziemlich genau vier Jahren waren Susanne und er an einem Sonntagnachmittag über den Gempen gegangen, im dichten Schneegestöber. Sie hatten von ihrer Hochzeit im Sommer gesprochen, von den Kindern, die sie haben würden. Überglücklich, übermütig hatten sie im tiefen Schnee herumgetollt, einander mit der weissen Pracht beworfen. Auf dem Heimweg, als es schon eindunkelte, waren sie still, jedes in Gedanken versunken Hand in Hand nebeneinander hergegangen. Plötzlich war Susanne stehen geblieben und hatte leise gesagt: «Und wenn es nicht klappt?» «Wenn was nicht klappt?» «Kinder. Meine Mami hatte grosse Schwierigkeiten, überhaupt schwanger zu werden. Darum habe ich auch keine Geschwister. – Was dann, Valentin?» Voller Angst hatte Susanne aus ihrer Pelzkapuze heraus zu

ihm aufgeschaut. Da hatte er sie in den Arm genommen. «Dann, Susanne, dann werden wir beide das zusammen aushalten und durchstehen und unser gemeinsames Leben neu entwerfen. Vielleicht allein, vielleicht mit einem fremden Kind, ganz sicher aber zusammen, du und ich.» Ganz fest hatte Susanne ihn umschlungen und ihr Gesicht in seine Jacke gedrückt. Aber schliesslich hatte sie mit tränennassen Augen aufgeschaut: «Ja, Valentin, das werden wir. Mit ganz viel Hoffnung, dass es gut kommt – so oder so.» –

«So oder so.» Valentin fährt sich mit der Hand durchs Haar. Die Angst, ja, die ist da, bei ihm, bei Susanne, bei so vielen Menschen, wie damals bei den Hirten. Aber die Hoffnung, ja die Hoffnung doch auch, und sie lässt wohl die Angst aushalten … Valentin atmet tief durch.

Nicht mehr Notizen, nein, gleich den Entwurf in den Computer.

«Liebe Gemeinde, die Hirten damals, sie hatten Angst. Aber dann sind sie aufgebrochen, der Angst zum Trotz, aufgebrochen, das Neue zu suchen, mit aller Hoffnung, dass es gut werde, für sie und die Welt.» Seine Finger laufen über die Tasten, der Espresso wird kalt.

Marianne Graf-Grether

Eva

EVA SITZT ÜBER IHRER AGENDA und rechnet, wohl zum hundertsten Mal an diesem Morgen. Sie kann es drehen und wenden, wie sie will, sie ist fünf Tage zu spät dran diesen Monat. Das kann doch nicht sein! Nicht schwanger, nicht jetzt gerade! Erst vor vierzehn Tagen haben Kurt und sie nach langen, eingehenden Gesprächen beschlossen, dass er die Assistenzstelle in den USA annimmt. Dass ihm die Stelle in diesem renommierten Forschungsprogramm angeboten wurde, ist eine besondere Auszeichnung und wird ihm Türen zu weiteren interessanten Projekten öffnen. Sie werden für zwei Jahre nach Kalifornien ziehen, in die winzige Wohnung auf dem Campus, die mit der Assistenz verbunden ist. Knapp Platz darin für zwei. Weil sein Einkommen minimal sein wird und sie bestimmt keine Arbeitsbewilligung bekommt, haben sie sich entschieden, zwei Jahre auf ein Kind zu verzichten. Das ist ihnen beiden nicht ganz leicht gefallen: Ihr Kinderwunsch ist gross, und mit ihren 31 Jahren ist Eva ja auch nicht mehr die Allerjüngste. Aber sie haben den Entscheid schliesslich in grosser Einmütigkeit gefällt.

Und nun das! Aber sie weiss es ja eigentlich noch gar nicht sicher, es gibt ja tausend Gründe für Verspätungen im Zyklus, sie müsste zur Apotheke gehen und einen Test besorgen. Aber was, wenn sie schwanger ist? Und Kurt? Sie hat doch aus ehrlicher Überzeugung zugestimmt, dass seine wissenschaftliche Karriere noch für zwei Jahre an erster Stelle ihrer gemeinsamen Projekte stehen soll. Das ist doch unfair, wenn sie jetzt ... Eva läuft ruhelos hin und her. Sie wollte an diesem freien Tag eigentlich die Wohnung ein bisschen weihnachtlich schmücken, wollte die Krippe hervorholen und die Figuren bereitstellen, die Hirten auf das Feld, die heilige Familie in den Stall, dessen Tür immer bis zum Heiligen Abend geschlossen bleibt. Die Könige kommen jeweils ins Schlafzimmer, von wo aus ihre Wanderung beginnt.

Eva hält einen Moment inne. «Feigling!», sagt sie laut zu sich selber. Dann schlüpft sie kurz entschlossen in den Mantel, packt die Handtasche und läuft die Treppe hinunter.

Sorgfältig wickelt Eva die alten Gipsfiguren aus dem Seidenpapier. Eine um die andere stellt sie sie in der gewohnten Anordnung auf. Lange hält sie die in ein blaues Gewand gekleidete Maria in der Hand und schaut sie und das winzige Kind an, das sie im Arm hält. Endlich stellt sie sie zu Josef und den Tieren in den Stall und schliesst die Türe hinter ihnen zu. Wie jedes Jahr.

Dann hängt sie die goldenen Sterne vor die Fenster und die wunderschönen gläsernen Kugeln an die Lampe über dem Esstisch. Der herrlich kitschige

Rauschengel von Tante Lisa darf über dem Spiegel an der Garderobe schweben.

In einer halben Stunde wird Kurt im Institut die Lichter löschen. Eva will ihn abholen. Sie muss sich beeilen, wenn sie ihn nicht verpassen will. Schon zieht sie die Wohnungstür hinter sich ins Schloss, da schiesst ihr ein Gedanke durch den Kopf. Sie geht ins Zimmer zurück, öffnet die Stalltür und stellt Maria und Josef gegen alle Gewohnheit vor den Stall. Josefs kleine Laterne leuchtet auf, als sie den Stecker an die im Stroh versteckte Batterie anschliesst. Dann eilt sie davon, um Kurt noch vor dem Institut zu treffen.

Als Kurt die Jacke an den Haken hängt und in die Küche gehen will, nimmt ihn Eva an der Hand und führt ihn ins dunkle Wohnzimmer vor die Krippe, wo nur Josefs Laterne strahlt und einen schwachen Schein auf Maria und das Kind wirft. «Was …» Kurt verstummt, als Eva ganz fest seine Hand drückt. Lange, lange stehen sie so. Dann legt Kurt den Arm um seine Frau und sagt leise: «Wir haben es gut. Wir müssen nicht in einem Stall wohnen. Wir dürfen in eine Studentenbude ziehen. Und es wird gut sein. Anders als wir gedacht und geplant haben, aber gut. Gut für uns drei.»

Werner Reiser

Der kleine Spatz von Betlehem

UNTER DEM VIELEN VOLK, das es damals an Weihnachten in Betlehem gab, war auch ein ganz besonderes Volk, das fast niemand bemerkt hatte, weil es so ziellos herumflatterte. Es war das Volk der Spatzen. Sie waren in der Luft und am Boden und am liebsten in der Nähe von Tieren. Vor allem die Pferde liebten sie, denn dort gab es Körner im Futter, welche sie stibitzen konnten. Und bei den vielen Leuten, die jetzt in Betlehem waren, gab es natürlich viele Tiere. Einer der kleinen Spatzen versuchte auch, bei den Pferden zu picken, aber da wurde er dauernd von den grösseren und stärkern verscheucht. «Geh weg, du kleiner Frechspatz! Such dir deine Körner anderswo. Die sind für uns bestimmt.» Und sie schlugen wild mit ihren Flügeln und hackten mit ihren Schnäbeln nach ihm. So hielt er Ausschau nach einem anderen Tier. Er entdeckte einen Esel, auf dem eine junge Frau sass. Ein Mann führte ihn. Alle drei gefielen dem kleinen Spatz, und er folgte ihnen bis zu einer abgelegenen Hütte, wo noch Platz für sie war. Da war auch ein alter Ochse, und also hoffte der Spatz, Körner zu finden. Doch

plötzlich wurden Tiere und Menschen unruhig und der Spatz flog durch die offene Tür hinaus aufs Dach. Dort fand er im Strohdach eine kleine Ritze, durch die er ein wenig hinunterschauen konnte. Er fühlte sich wohl, so mitten im Stroh, und schlief ein, bis er durch den Schrei eines kleinen Kindes geweckt wurde.

Da geschah etwas Eigenartiges. Rund um den Spatz herum wimmelte es von hellen Flügeln. Sie waren auf dem Dach und in der Hütte und in der Luft und er hatte sogar das Gefühl, dass sie durch ihn hindurchgingen, ohne dass es weh tat. Niemand verscheuchte ihn. Erst nach einiger Zeit wurde es ruhiger, und er sah noch, wie ein paar der hellen Vögel in den dunkeln Himmel flogen.

Aber kaum waren sie weg, kamen Vögel von ganz anderer Sorte, die er leider nur zu gut kannte, grössere, schönere, stärkere mit scharfen Schnäbeln. Sie kamen in Scharen und liessen sich auf dem Dach nieder, vor ihm und neben ihm. Sie kreischten: «Mach Platz, du kleiner Dreckspatz, du hast hier nichts zu suchen! Ja, wenn du eine Taube oder ein Adler wärst, aber doch nicht so einer von der Strasse.» Und sie drängten und drückten ihn von allen Seiten, sodass er durch die kleine Ritze nach unten gepresst wurde und hinunterfiel, direkt in die Hütte.

Im letzten Moment spannte er seine Flügel auf und flog ganz nah an der Mutter und dem Kind vorbei. Die Mutter spürte den frischen Luftzug und lächelte ihn an. Erst gegen Morgen verliess der Spatz die Hütte und flog zu seinem Platz auf dem Dach. Er war jetzt wieder allein da oben und blieb es eine Weile. Dann hörte er auf einmal ein aufgeregtes Zwitschern in der Luft. Diesmal suchten die anderen Vögel kein Futter und wollten ihn auch nicht verdrängen. Sie wollten etwas Wichtiges weitersagen. Vögel sehen und hören vieles in der Luft und sagen es im Flug den andern weiter, nur die Menschen verstehen es nicht. Doch der Spatz verstand sofort. Er hörte, dass das Kind in Gefahr sei. «Kind in Gefahr, Kind in Gefahr!», so tönte es von allen Seiten. Da wusste der kleine Spatz sofort, was er zu tun hatte. Er presste sich mit aller Kraft durch die Ritze im Strohdach. Dann flog er zum Vater, der schlief. Er weckte ihn nicht mit Piepsen, sondern er flüsterte ihm etwas ins Ohr. Der Vater erwachte und sah etwas wegfliegen. Er weckte die junge Mutter und erzählte ihr, dass ihm ein Engel im Traum erschienen sei und ihn gedrängt habe, mit ihr und dem Kind nach Ägypten zu fliehen.

Der kleine Spatz auf dem Dach hatte natürlich gut aufgepasst und sah sofort, als die drei mit dem Esel die Hütte verliessen. Er flog mit. Weil er wusste, wie gefährlich es war, flog er immer etwas voraus und spähte umher, ob die Luft rein sei. Dann flog er zurück, um es zu melden. Hin und her flog er und vergass fast, zu fressen. Die junge Mutter sah ihn an und sagte: «Übertreib es nicht, du lieber Spatz. Wir werden gut beschützt!» Aber er liess sich sein Tun nicht ausreden und flog weiter voraus. Schliesslich wurde er doch schwach und müde. Er liess sich zu Boden fallen. Er war erschöpft und fühlte sich doch wohl. Da sah er viele Flügel über sich und um sich. Wollten sie ihn wieder verdrängen? Nein, sie drängten und drückten ihn nicht. Sie streichelten ihn und nahmen ihn ganz sachte auf und trugen ihn in die Höhe. So wohl hatte sich der kleine Spatz noch nie gefühlt.

Clemens Frey

Em Eseldriiber si Familie

ES ISCH ZUM DRVOLAUFE. Jetz längts denn ändgültig, nundefaane. Näi, so goots nümm witer. Und alles wäge mim Esel. Dä wird efang jede Dag boggiger und miesamer. E käiben Esel, fertig Schluss.

Geschter bin i imene Stall gsi, wo grad e Buschi uf d Wält ko isch. Aber es het nit könne iischlofe, wil s Grippli gwaglet het. I han em e Stäi unters äinti Bäi vo dr Grippe due. Vo denn ewäg het s Buschi wunderbar gschlofe. Jä, si Mame (Maria het sie ghäisse), isch seer zfriide gsi mit mir. – Guet, wenn i jetz alles sott verzelle, denn isch es scho eso gsi, dass mi Esel in dä Stall het welle, das gib i zue. Aber s Kind berueigt han ich.

Und denn sin d Hirte ko. Do han i scho gmerggt, dass mit däm Kind öppis Bsunders isch. Und denn sin erscht no d Könige ko und hän gstuunt, wie das Kind so rueig doliggt. Dr Josef het sogar e bitz zue mir überegluegt und gsäit: Är het is d Grippe rueig gstellt. Und alli drei hän mi agluegt; dr Snemelk, wo vom Herr Abamoth furtgjaggt worden isch – wäge sim Esel, wo s Muul nit ka halte. Und jetz bin i grad bi drei Könige gsi.

Jetz hüt am Morge, wo alli gange sin, het die Familie blötzlig schnäll welle witer (dr Vater vom Kind het öppis vomene Draum verzellt). Das isch mi Chance, han i dänggt. Sofort bin i zuenem ane und han em abotte, ich könnti si mit mim Esel begläite. Jo, dä isch denn froo gsi.

Aber ebe. Kenne Si mi? Nai, nadürlig nit. Äigedlig hät dr Matthäus im Evangelium doch miese schribe: Und sie trafen auf den Eseltreiber Snemelk, der ihnen zur Flucht verholfen und so dem Kind das Leben gerettet hatte. Das stoot aber niene. Und worum ächt kumm ich in sällere Gschicht nit vor? Alles wäge mim Esel, däm Esel vomene Esel.

E ganze Dag simmer scho gloffe gsi, wo dä äifach sto blibt. Käi Schritt isch er mee witer. Wie friener amigs han em e Zwigg gä. Aber dä Kärli het käi Schritt gmacht. Ich ha mi bi de Lüt afo entschuldige: «Wäisch, en Esel het halt e spezielle Karaggter; das macht ebbe dr Esel us. Mir mien numme e Wiili warte.» Ach, do hämmer lang könne warte, dä het käi Wangg due. Niemerts het en Aanig gha, worum. S isch nit stäil ufe oder abe gange und s isch au niäne en andere Esel gstande. Schliessli het dr Josef sich für unseri Begläitig bedangt: Si käme jetz scho eläi witer. Bis do ane kämi ine dr Herodes sicher nit noch.

Kuum isch d Familie verschwunde gsi, het mi Esel rächtsumkeert gmacht und isch, wie wenn nüt wär gschee, uf em Wäg wider zruggtrottet. Jo, und ich mit em. Nüt ischs gsi mit beriemt wärde. «Wäisch äigedlig, was für e Blödsinn gmacht hesch», han i mi Esel gfrogt. «Jetz muess die arm Familie ganz eläi dur d Wiechti uf

Egypte räise. He, und dört git s Röiber und s git Sand-stürm. Das ka denn nämlig ganz gfäärlig wärde. Am Schluss kömme si no ums Läbe, numme wil du ine nit hesch welle hälfe. Du bisch denn dschuld, jäwoll!» So han i dr ganz Wäg uf en iigredet. Mäi, han ich e Wuet gha.

Irgendnöime hämmer denn e Rascht gmacht. Und won i grad so iigschlofe bi, was isch ächt bassiert? Nadürlig, mi Esel het afo brülle. Drbi hets gnueg Gras umenand ka zum Wäide. «Halt jetz wenigschtens s Muul, wenn de scho sunscht nüt kasch», han em gsäit und d Deggi über s Gsicht zoge. Aber dä Kärli het witerbrüllt. I bi ufgstande und ha zruggbrüllt. Nei, nit «i-a», aber: «Hör uf mit di-nere Grachserenade!» Dä het nit ufghört. Schliesslig bin i zuenem ane. Do rennt hinter eme Gebüsch e vermumm-ti Gstalt drvo. Ich bi verschrogge. Dr Esel lauft aber schnuerstraggs hinter s Gebüsch. Mir hän d Bei gschlot-teret. «Kumm do ane», han em ganz liislig gsait. Am liebschte wär i au uf und drvo. Aber är het numme um-megluegt und het e ganz strängs Gsicht gmacht. Jä, das ka dä … I bi vorsichtig go luege.

Dört isch e jungi Frau gläge mit eme Buschi, wo kuum e baar Stund alt gsi isch. Das het gwimmeret, wils Hunger gha het. Jeemer näi, isch die Mueter schwach und mager gsi; wie hät die das Kindli welle stille. Und dr Röiber het ene alles gstoole. Die geschter mit irem Buschi sin wenigsch-tens no imene Stall gsi und hän e Dach über em Kopf gha und s Buschi könne in e Grippe lege. Aber das Buschi do isch dusse uf d Wält ko. Und e Vater isch au niene umme gsi. S het überhaupt so usgsee, als gäbs dä nit.

I bi dört gstande wie en Ölgötz. «S tuet mir schregglig läid, aber ich ha käi Milch», han i usebrösmelet. Mi Esel isch nöcher ko. «Mach scho, du Muffel», het är mir gsäit. Das säit är immer, wenn i e langi Läitig ha. Also richtig rede kann är nit, aber mir verschtöön is. Schliessllig simmer scho zää Joor binenand. «So nimm doch ändlig d Händ us de Segg – und mälch mi.» Ich bi ane, ha mi Beggeli gno und gmolche. Friener hets sogar Königinne gä, wo für iri Schönhäit in Eselmilch badet hän. S isch nit veruggt vil gsi, won i em Kind ha könne gä. Aber s het glängt. D Mame het glächlet. Do han i gsee, dass si schön isch. Ou, han i dängt. Do git mir dr Esel e Schupf, dass i uf em Bode gläge bi. Und bevor i no ha könne s Muul ufmache, isch er scho uf mim Mantel gstande. «Jä, du meinsch …?» Är het wie gniggt. Do han i dr Mame mi Mantel aglegt, denn han i si uf en Esel gsetzt und ere s Kind in Arm gä.

So simmer denn los. Fascht wie dr Josef mit sinere Frau und em Kind. Guet, ich ha jo käi Frau und au käi Kind … Aber vilicht – die mien jo au nöime könne dehaim si. S Kind sott doch au e Vater ha.

Mi Esel isch, glaub i, doch nit so en Esel.

Heiner Schubert

Eine Basler Weihnachtsgeschichte

DER ENGEL STÜRMTE durch den Schneematsch in der Fussgängerzone der Freien Strasse. Seine gefütterten Stiefel waren vollgesogen mit kaltem, dreckigem Schneewasser. Er musste es unbedingt noch bis zum Rheinbord auf der Kleinbasler Seite schaffen, bevor Nicole bei der Mittleren Brücke hineinstürzen sollte. So jedenfalls lautete der Auftrag, den Gabriel ihm am Morgen gegeben hatte. Verzögerungen hatte es gegeben wegen des Schnees. Dass er jetzt zu Fuss unterwegs war, hatte mit seinem Auftritt zu tun. In der Weihnachtszeit sind Auftritte mit Lichteffekten und Himmelstönen immer heikel. Die Leute meinen in der Regel, es gebe etwas umsonst und versperren dann den Weg, so dass es schwierig wird, die Aufträge auszuführen. Ach, seufzte der Engel: So schön wie damals vor zweitausend Jahren, als er als Erst-Lehrjahr-Stift dabeisein und mit der A-Band Gabriel zu den Hirten auf dem Feld begleiten durfte; als er als noch junger Trompeter die siebte Stimme zu «A Night in Tunisia» blasen konnte – so schön war es nie mehr gewesen.

Egal. Seither hatte er eine unendliche Anzahl von Menschen gerettet. Sie aus Lawinen befreit und aus Gefängnissen geholt. Er hatte sie gestützt, wenn sie strauchelten, aufgefangen, wenn sie sich aus brennenden Häusern stürzten. Er hatte sie getröstet, wenn sie am Bett eines Sterbenden von der Einsamkeit überwältigt wurden, und später auch die Verstorbenen hinüberbegleitet in die neue Welt. Dort hatte er eine Zeit lang Einführungen gehalten für die, die neu ankamen, und versucht, sie auf die Begegnung mit dem Sohn Gottes vorzubereiten. Dann hatte er es in einigen Kriegen übernommen, die letzten Botschaften der Gefallenen zu den noch Lebenden zu bringen.

Heute aber war er in Basel, um Nicole zu retten. Unauffällig gekleidet als älterer Herr sollte er sich am Fuss der Treppe postieren, die zur Brücke hinaufführte. Genau um 11.52 Uhr würde Nicole, vom Alkohol benebelt und vollkommen orientierungslos, am Rheinufer hinfallen und den Kopf auf der Pflastersteinkante aufschlagen. Sie würde langsam in den Rhein rutschen, genau im Schatten der Brücke, so dass niemand sie würde fallen sehen.

Noch war er nicht da. Er hetzte über die Brücke. Leider beginnen Engel, die gestresst sind, zu leuchten. So, wie wenn Menschen erröten. Die Leute, die der Engel unsanft zur Seite schubste, sagten zwar: «Heee, bass doch uff, Schoofseggel!» – als sie dann aber genauer hinsahen, klappte ihnen die Kinnlade herunter: Warum leuchtet der Kerl wie ein Weihnachtsbaum? Hat der eine Batterie Lampen unter dem schmutzigen Mantel, oder was?

Der Engel fiel jetzt in Laufschritt. Er wechselte auf die Fahrbahn, rannte Richtung Café Merian, wechselte wieder aufs Trottoir, um einen Blick über die Brüstung zu werfen. In diesem Augenblick sah er, wie Nicole fiel, mit dem Kopf aufschlug, zum Rheinbord rollte und langsam die schräge Böschung hinunterrutschte ins eisige Wasser. Der Engel überlegte nicht lange. Er eilte auf die andere Brückenseite, hechtete über die Brüstung und sprang in den Fluss. Er konnte Nicole gerade in Empfang nehmen, die langsam angetrieben kam.

Oben schrien die Leute, jemand alarmierte die Polizei. Noch während der Engel Nicole an Land trug, hörte man schon den Lärm der näherkommenden Sirenen. Einer rief: «Lasst mich durch, ich bin Arzt!» Und während die einen gafften und die anderen schimpften: «Immer dasselbe mit diesen versoffenen Pennern», machte der Engel sich langsam davon. Er wusste, dass die grosse Aufgabe noch auf in wartete. Er musste jemanden finden, der sich jetzt um Nicole kümmerte. Erst würde sie eine Nacht im Spital bleiben können. Sie würde ein warmes Bett haben, nüchtern werden, etwas zu essen bekommen. Die nette Spitalpfarrerin würde sie besuchen und milde lächeln, wenn sie etwas von einem Engel erzählte. Dann aber würde es heissen: «Sie sind wieder o. k. Sie können nicht länger im Spital bleiben.»

Der Engel wusste, dass er keine Zeit verlieren durfte. Er meldete sich bei Gabriel, um zu fragen, ob er Gerhard im Traum erscheinen dürfe. Träume sind bekanntlich bewilligungspflichtig. Engel dürfen nur auf Anweisung in Träumen auftreten. Gabriel war natürlich sofort einverstanden. Der Engel wusste, dass Gerhard an der Klybeckstrasse ein Haus führte für Menschen, die mit dem Leben nicht klarkommen. Drogenabhängige, Alkoholiker, Trottoiramseln. Bei Gerhard finden sie ein Dach, sie finden jemanden, der sie einfach so nimmt, wie sie sind. Sie finden, wenn sie das wollen, neue Ideen für ihr Leben, das allzuoft gescheitert ist, das ihnen sinnlos scheint, einfach kaputt.

In der darauffolgenden Nacht, während die Menschen Basels zu Hause vor den Weihnachtsbäumen sassen und Geschenke auspackten, trat deshalb der Engel in Gerhards Traum auf. Er stellte ihm Nicole vor, erzählte ihm ihre Geschichte. Nicole war von ihrem Mann, der sie ständig verprügelte, aus der Wohnung hinausgeworfen worden. An der Arbeitsstelle hatte man

sie fertiggemacht; ihr gesagt, sie sei zu langsam und zu dumm. So hatte sie zu trinken begonnen. Zuerst nur ein paar Gin Tonics am Abend, bald einen Weisswein in der Znünipause. Schliesslich Kochwein zum Zmorge. Die Kündigung lag am Tag ihres Unfalls bereits eine Woche zurück.

Das alles erklärte der Engel im Traum geduldig dem Gerhard. Als er ihm dann noch sagte, dass Nicole im Zimmer 1436 des Kantonsspitals liege, war Gerhard klar: Das ist kein Traum, das ist ein Auftrag.

Als Nicole am Weihnachtstag aus ihrer Bewusstlosigkeit erwachte, sass ein netter Herr an ihrem Bett. Er stellte sich vor als Gerhard Meierhofer und bot ihr an, an der Klybeckstrasse einzuziehen, wenn sie entlassen würde. Dann würde man weitersehen.

Während Gerhard am Bett von Nicole sass, um ihr diese frohe Botschaft zu überbringen, wartete der Engel bereits im Engadin unterhalb des Piz Quattervals, weil dort bald eine Gemse von einer Lawine überrascht werden würde. Sie rechtzeitig aus der Gefahrenzone zu bringen, lautete sein nächster Auftrag. Noch einmal wollte der Engel nicht zu spät kommen.

Philipp Roth

Entdeckig mit Hindernis –
Wolf, Has und Uhu

ES ISCH SCHO ZMITTS IN DER NACHT GSI, wo sich der
Wolf, der Has und der Uhu wider im Wald droffe häi.

«Und? Häit dir öppis gfunde?», het der Wolf gfrogt,
und der Eerger und der Gluscht synem grad mitenander
usem Muul tropft. Aso iich ha kei König gseh in däm
Stall, numme früschs Ochsefleisch und denn nonen Esel
und Mönschen und Strau und eben eso Ochsefleisch ...
königlig, königlig! – aber das hani jo scho gsäit. Aber e
König? Doch nid in soneren Ochse-Bude!»

«Aso, der Ochs hani au gseh», het der Has gsäit und
het probiert, in syneren Uufregig nid z fescht z lischple.
Schliesslig isch das en absoluti Uusnahm gsi in deere
Nacht, dass der Wolf kei Gluscht uf Hase gha het; en
absoluti «Friiden-uf-Ärde-Wiehnechts-Uusnahm».

«Der Ochs isz nämlich grad näbenem Strau gsstan-
den und het das Heu gfrässe, won ich so guet chönnt
bruuche, und denn hets none paar anderi Bei gha, graui
und stoffigi und sso ... und überall das Heu, königlig,
königlig! Mijamm ... aber e König? Doch nid in däm
Heustock!»

«Uuhund der Stärn?», het der Uhu ganz vorwurfsvoll gfrogt und syni groossen Auge sy no gröösser worde, won er vom Ascht obenabe gluegt het. «Häit dir der Stärn öppe nid gseh, dir Fleisch- uuhund Heufrässer? Das ewige geischtige Glänzen in der Uuhunändlichkeit, das überirdische Funklen am Nachtfirmamänt, das ...»

«Chumm zur Sach», het der Wolf brummlet. «König! König isch s Thema, nid Uuhunändlichkeit ... Du hebsch jo scho ab, ohni d Flügel z bewege!»

«Fehlaazeig!», het do der Uhu numme no gsäit, bevor er ganz yygschnappt isch. «König – nicht die Spuuhur»

«Aber dasz häi szi doch gsäit», het der Has gschumpfen und bi jedem Wort eso fescht ufe Bode gchlopft, dass es syni Hasenohre nummen eso gschüttlet het. «E König isz gebore, in deere Nacht, im Stall!»

«Denn gönge mer halt nomol go luege», het der Wolf gsäit. Für ihn isch gnueg gredt gsi. Der Uhu het numme der Chopf schreeggleit.

Si sy nomol gange.

Mitenander häi si dur e Spalt in der hindere Wand vom Stall gluegt. Zunderscht der Has und drüber der Wolf und druff der Uhu. Und plötzlig häi sis gseh: das Chind in der Chribbe. Das neugeborene Mönschefyynöggeli. Das Königschind, ganz chlyy.

«Hö, scho komisch», het der Wolf gschnauzt, wo si wider im Wald gsi sy. «Mir häi das Königschind alli vor der Nase gha – oder du vorem Schnabel, Uhu –, vorhär, wo jede vo eus elei isch go luege, aber mir häis nid gseh.»

«My Blick goht halt normal nid so nach uuhunde!», het der Uhu gsäit und syni Auge verdrääit. «Und wenn

ich Hunger ha, gsehni halt numme, wasz i cha frässe»,
het der Has erklärt.

«Und ich ha halt so öppis mit Chronen und Thron
gsuecht», het der Wolf zuegee, «und denn isch dä Ochs
do gsi … Im Grund gno isch s Wunder so nooch! Me
muess es numme gseh!»

«Uuhunändlich nooch!», het der Uhu gnickt. «Uuhund
esoo schön. Me chönnts zum Frässe gärn ha – nummen
ohni Frässe, gället, Wolf und Has!»

Rosina Christ

Der Rollentausch

MIRJAM WAR AM VORLETZTEN SONNTAG im November schon beim Frühstück ganz aufgeregt. Während sie ein Stück Zopf mit viel Honig und Butter ass, sagte sie es ihren Eltern noch einmal: «Heute werden die Rollen fürs Krippenspiel verteilt. Ich bin mir ganz sicher. Frau Müller hat es uns vor einer Woche versprochen. – Oh, ich wäre so gerne ein Engel, der viel spricht.» Darauf wandte sie sich an Tobi, ihren jüngeren Bruder, den die Rollenverteilung weniger interessierte als sie: «Weisst du, Tobi, du wirst vielleicht ein Hirt oder der Ochse oder der Esel sein. Und dann musst du nichts sagen. Du bist ja auch erst im Kindergarten und noch klein.»

Damit war Tobi nicht einverstanden: «Ich kann sehr gut etwas sagen. Und überhaupt bin ich nicht klein. Hanneli ist klein!» Dabei zeigte er auf die Zweijährige, die ihre letzten Honigbrotstückchen in eine Reihe legte.

«Esst jetzt fertig», sagte Papa nur und stellte Milch und Butter in den Kühlschrank.

Schon bald hatte die ganze Familie Mäntel, Jacken, Mützen, Schals und Handschuhe angezogen und war auf dem Weg zur Kirche. Auf dem Parkplatz sah Mirjam ihre beste Freundin, Vanessa, die auch zur Sonntags-schule ging. Sie lief ihr entgegen: «Vanessa, gell, heute werden die Rollen fürs Krippenspiel verteilt! Was meinst du: Wer werden wir sein?»

In der Sonntagsschule waren auch andere, ältere Kinder wegen der Rollenverteilung aufgeregt. Die Kleinen wie Tobi, die noch in den Kindergarten gingen, merkten, dass es offenbar wichtig war, welche Rolle man spielte und wie viel man sagen durfte.

Nach dem Segenslied war es endlich so weit. Frau Müller stand auf. In der Hand hielt sie verschiedene Blätter. «Auf diesen Blättern stehen eure Rollen. Das, was ihr sprechen werdet, ist mit gelbem Leuchtstift markiert. Seht zu, dass ihr es bis nächstes oder spätestens übernächstes Mal auswendig lernt.»

Danach begann Frau Müller, die Rollen zu verteilen.

Noemi, die in die vierte Klasse ging, war Maria. Vanessa spielte zusammen mit Michi und Sven Hirten. Tobi war auch ein Hirt, der aber nur einen Satz zu sagen hatte. Währenddessen rutschte Mirjam auf ihrem Stuhl herum. Sie hatte ihr Blatt noch nicht erhalten. Endlich gab Frau Müller es ihr: «Da, Mirjam, du bist wie Nadine und Sara einer der Engel, die zu den Hirten kommen und ihnen erzählen, was in Betlehem geschehen ist.»

Mirjam konnte ein Engel sein. Sie strahlte und begann sich auszumalen, wie sie in ihrer weissen Sonntagsbluse und dem alten weissen Rock aus der Verkleidungskiste aussehen würde. Dazu würde sie natürlich auch ein goldenes Band als Gürtel und weiss-goldene Kartonflügel auf dem Rücken tragen. Die Haare wollte sie offen

tragen. Ein richtiger Engel hatte doch keinen Pferde-
schwanz.

Als sie die Jacken anzogen, sagte Vanessa zu Mirjam: «Ich
wäre ja so gerne ein Engel gewesen wie du.»

Mirjam schaute auf. Jetzt sah sie erst, dass Vanessa
unglücklich war. Der düstere Gesichtsausdruck war ihr
vorher gar nicht aufgefallen. Mirjam war das nicht recht.
Vanessa war ihre beste Freundin. Sie sollte sich doch auch
über das Krippenspiel freuen. Schnell sagte Mirjam: «Da
nimm! Du kannst Engel sein und dann bin ich Hirt. Beide
Rollen sind ja gleich lang.» Sie streckte Vanessa ihr Blatt
hin. Vanessa sagte danke und die beiden tauschten ihre
Rollen.

«Erzählt, was habt ihr jetzt also für Rollen im Krippenspiel?», fragte Mama Mirjam und Tobi auf dem
Heimweg.

Tobi sagte stolz: «Ich bin ein Hirt und ich muss sagen:
«Ich will auch mitkommen.» Ich kann meine Rolle schon
auswendig. Und Mirjam ist ein Engel.»

«Ja, nein», erzählte Mirjam, «eigentlich wäre ich ein
Engel gewesen. Aber ich habe mit Vanessa getauscht, weil
sie gerne ein Engel gewesen wäre. Jetzt ist sie Engel und
ich bin Hirt.»

«Das ist aber lieb von dir. Das hat Vanessa sicher gefreut.» Mama nahm ihre Grosse bei der Hand. Das tat
Mirjam gut. Denn es reute sie schon ein wenig, dass sie
kein Engel sein würde.

Als Frau Müller hörte, dass Mirjam und Vanessa ihre
Rollen getauscht hatten, meinte sie eine Spur verärgert:

«Eigentlich bestimmen wir, wer was spielt.» Doch es blieb bei den getauschten Rollen. Mirjam fand allerdings, dass Frau Müller hätte merken können, wie nett es von ihr gewesen war, dass sie ihre Rolle Vanessa abgegeben hatte. Als Hirt war sie nun nicht schön, sondern blöd verkleidet. Mit dem blauen Faserpelzgilet von Mama und einer seltsamen schwarzen Pelzkappe Grosspapas sah sie nicht einmal wie ein richtiger Hirt aus.

Der Advent verging. An der Hauptprobe sagte der Pfarrer zu Vanessa: «Versuch noch ein bisschen langsamer und lauter zu sprechen!» Mirjam dachte dabei, wie gut sie selbst laut und deutlich sprechen konnte. Schliesslich hatte Grosspapa einen Hörapparat und er verstand sie immer. Ja, sie wäre ein Engel, den alle verstehen würden.

Am vierten Advent sassen die Kinder der Sonntagsschule in ihren Kostümen vorne in den ersten beiden Reihen. Mirjam drehte immer wieder den Kopf, um zu sehen, wer kam. Grosspapa und Grossmama waren da. Sie sah Papa und Mama mit Hanneli sich setzen. Wenn sie nur eine bessere Verkleidung hätte. Dagegen sahen die Engel so schön aus in ihren weissen Kleidern, mit den goldenen Bändern und den Flügeln. Wenn Vanessa ihr wenigstens noch einmal gesagt hätte, wie froh sie über den Rollentausch sei.

Die Sonntagsschulweihnacht begann. Die Leute sangen. Die Kinder spielten. Der Pfarrer erzählte eine Geschichte. Und schon war alles vorbei. Mirjam war noch dabei ein Änisbrötli zu essen, die am Ausgang verteilt worden waren, als die Grosseltern zu ihr kamen. Grossmama drückte Mirjam an sich: «Kind, das war soo schön. Du und Tobi, ihr habt das soo gut gemacht.» «Ja, und ich habe euch beide sehr gut verstanden», sagte Grosspapa.

«Grossmama und Grosspapa, eigentlich wäre ich nicht so ein Hirt in einem lächerlichen Kostüm gewesen», antwortete Mirjam, «sondern ein Engel. Aber ich habe mit Vanessa, meiner besten Freundin, die Rolle getauscht. Denn sie wäre so gerne ein Engel gewesen.»

Grossmama strich Mirjam über den Kopf. «Du bist wirklich eine gute Freundin. Und, gell, es macht einem doch auch selbst Freude, wenn man jemandem etwas zuliebe tun kann.»

Da brach es aus Mirjam heraus: «Nein, Grossmama, es hat mich nur halb gefreut. Ich glaube, Vanessa hat gar nicht gemerkt, wie gerne ich selbst Engel gewesen wäre. Hirt sein ist nicht gleich toll mit so einem blöden Kostüm.»

Noch bevor Grossmama widersprechen konnte, legte Grosspapa Mirjam die Hand auf die Schulter und sagte – halb zu sich selbst: «Ich glaube, du hast da etwas von Weihnachten erlebt und weitergegeben.»

Grossmama und Mirjam schauten ihn erstaunt an.

Aber Grosspapa sprach schon weiter: «Weisst du, was damals an der ersten Weihnacht geschah, ist auch so ein Rollentausch gewesen. Der Sohn Gottes, Jesus, behielt seine Rolle nicht für sich. Denn er ist ein Menschenkind geworden und hat uns seine Rolle gegeben, damit wir Gotteskinder werden.»

«Grosspapa, das versteh ich nicht ganz», sagte Mirjam.

Grosspapas Augen leuchteten. Manchmal wenn er angefangen hatte zu reden, hörte er nicht so bald wieder auf, und er fuhr fort: «Ja, ich verstehe es auch nicht ganz. Es ist geheimnisvoll. Das Jesuskind hat seine Rolle mit uns getauscht, ein bisschen wie du mit Vanessa. Und dann liegt es als armer, hilfloser kleiner Mensch in der Krippe und wir merken auch nicht, was es damit aufgegeben hat. So wie Vanessa vielleicht nicht gemerkt hat, wie schön es für dich gewesen wäre, Engel statt Hirt zu sein. Aber weil Jesus Christus unsere Rolle auf sich nimmt und uns seine schenkt, so wie du deine Engelrolle Vanessa geschenkt hast, dürfen wir Gotteskinder sein, fast ein bisschen wie Engel.»

Mirjam schaute Grosspapa an: «Und das ist Weihnachten?»

«Ja, das ist es», bestätigte er.

«Komm jetzt», sagte Grossmama zu ihm, «du hättest Pfarrer werden sollen.»

Robert Ziegler

Eine politische Weihnachtsgeschichte

ER SASS AN SEINEM SCHREIBTISCH. Seine Frau hatte wie gewohnt alles aufgeräumt und abgestaubt. Vor ihm lag ein weisses Blatt. Er spielte mit dem Kugelschreiber in der Hand. Er sollte eine alte Schuld begleichen. Das war nicht seine Stärke.

Seine Gedanken schweiften ab. Es war Anfang Jahr, in der ersten Sitzung der Wahlkampfleitung. Sein Freund Walter hatte einen glänzenden Einfall. Walter war Stiftungspräsident des regionalen Altersheimes. «Im Herbst wird der Erweiterungsbau unseres Heimes bezugsbereit sein. Wenn ich den Handwerkern etwas Dampf mache, können wir die Einweihung zwei Wochen vor den nationalen Wahlen feiern, und du als unser Spitzenkandidat hältst die Festansprache. Das bringt dich in die Presse und dir im Dorf und im ganzen Kanton noch einige zusätzliche Stimmen. Den Stiftungsrat werde ich schon herumkriegen, der ist auf unserer Linie. Und der Heimleiter, den bring ich auch so weit.» – Es kam wie geplant.

Er lehnte sich in seinem Bürostuhl zurück, um den Film dieses festlichen Tages nochmals genüsslich vor seinem inneren Auge ablaufen zu lassen. Er sah die Festgemeinde vor sich. Vorne die Alten in den Rollstühlen. Dazwischen die Pflegerinnen und Pfleger. Dann die Gemeindevertreter der ganzen Region, die Bevölkerung, die Presse, das Regionalfernsehen. Mit kräftigem Griff fasste er das Rednerpult. Er war in seinem Element, schilderte, welch wunderbares Haus er den Betagten heute übergeben dürfe, und vergass nicht, darauf hinzuweisen, wem dies zu verdanken sei. «Soziale Wohlfahrt ist nur möglich dank einer starken Wirtschaft!», hörte er sich in die Menge rufen. «Darum ist es wichtig, dass wir zum Bankenplatz Schweiz Sorge tragen! Darum ist es wichtig, dass wir für unsere Unternehmen günstige Rahmenbedingungen schaffen. Dazu braucht es ein investitionsfreundliches Steuerklima und eine Einwanderungspolitik, die nicht diejenigen Ausländer anlockt, die unsere Sozialwerke belasten, sondern die auf hochqualifizierte Arbeitskräfte fokussiert, die unsern Wirtschaftsstandort stärken.» – Warum nur musste er gerade bei diesem Satz auf den dunkelhäutigen Pfleger schauen, der in der zweiten Reihe neben der Frau im Rollstuhl stand? – Diese unangenehme Erinnerung wich sogleich einer gefälligeren. Er hörte nochmals den Applaus nach seiner Rede aufbrausen. In seinem Gedächtnis hallte nach, was ihm Freunde während des Wahlkampfes immer wieder gesagt hatten: «Du bist ein rhetorisches Naturtalent! Du verstehst es, hochkomplexe politische Zusammenhänge volksnah und allgemein verständlich in wenigen Sätzen darzulegen.» Er wuchs hinter seinem Schreibtisch in die Höhe. Dann schweiften seine Augen wieder auf das leere Blatt, und der Wortgewaltige fiel in sich zusammen.

Der Heimleiter hatte damals eingewilligt, allerdings nicht ohne ein Gegengeschäft zu tätigen. «Wir sehen in unserem Haus gerne Besucher, die mehr als einmal vorbeikommen», meinte er. «Wie wäre das, wenn Sie bei unserer Weihnachtsfeier eine kleine Ansprache hielten?» Im Wahlkampffieber hatte er zugesagt. Nun war er gewählt. Er hatte viele Termine. Er hätte sich herausreden können, aber das hätte sich gewiss herumgesprochen. Der Heimleiter war zwar parteilos, aber doch nicht ganz auf seiner Linie.

Er schaute auf sein Blatt. Es galt eine alte Schuld zu begleichen. Das war nicht seine Stärke. Als Mann der Tat war er eher darauf aus, neue Verdienste zu erwerben. Und doch … er raffte sich auf und setzte schwungvoll

an: «Liebe betagte Mitbürgerinnen und Mitbürger, Weihnachten steht vor der Tür.» Seine Hand hielt inne. Er versuchte, sich ein Bild davon zu machen, was da vor der Tür stand, aber er sah nichts. Wie kann man Weihnachten in Worte fassen? – «Himmel Donnerwetter, ich bin doch kein Pfaff!», entfuhr es ihm. Dann dachte er an sein eigenes Weihnachtsfest im Familienkreis. Das beflügelte ihn und es floss ihm leicht aus der Feder: «Dank der Leistungsfähigkeit unserer Wirtschaft und der Stabilität unserer Währung, dank der Eigenständigkeit unseres Staatswesens können wir auch dieses Jahr Weihnachten in einer warmen Stube in Frieden und Wohlstand feiern. Wir können erfüllt und mit Stolz auf die Erfolge des zu Ende gehenden Jahres zurückschauen.» Er überflog zufrieden diese zwei Sätze. Aber wie weiter? Es fiel ihm nichts mehr ein. Es war alles gesagt. Wieder war es ihm gelungen, einen komplexen Sachverhalt kurz und verständlich darzulegen. Aber mit einer solch kurzen Rede war kein Staat zu machen. Das war die Kehrseite seiner Begabung. Doch lag der Fehler nicht bei ihm, sondern bei den anderen, die nicht Qualität, sondern Quantität erwarteten.

Er war ratlos und seine Gedanken verzogen sich in jene Gefilde, die seit ein paar Monaten seine Welt waren. Die ersten Tage in Bern waren bewegend gewesen. Wenn er sie auch noch ganz am Rande miterlebte, er gehörte dazu. Mit einem Mal sah er sich in einer Kommissionssitzung. Die Diskussion wogte hin und her, wurde immer emotionaler, da meldete sich ein Parteikollege aus der Ostschweiz zu Wort. Er hatte einen roten Ordner vor sich auf dem Tisch liegen und zitierte aus einem Bundesgesetz. Es war klar, er hatte das Gesetz auf seiner Seite – und alle verstummten. Das war es! Man müsste das Weihnachtsgesetz finden und daraus vorlesen, dann konnte man nichts falsch machen. Und dieses Gesetz müsste ja in der Bibel zu finden sein.

«Heidi, haben wir eine Bibel im Haus?», rief er durchs Treppenhaus hinunter.

«Ja», hörte er aus Richtung Küche. «Aber wozu brauchst du eine Bibel?»

«Das ist nicht so wichtig. Sag mir lieber, wo sie ist!»

«In meinem Nachttisch.»

Dort fand er sie auch. Es war ihre Hochzeitsbibel. Warum hatte sie seine Frau in ihrem Nachttisch? Ob sie darin las? Ob sie manchmal betete? Es beschlich ihn der unangenehme Gedanke, in seiner Frau könnte manches stecken, von dem er keine Ahnung hatte.

«Wo finde ich die Weihnachtsgeschichte?», rief er ins untere Stockwerk.

«In den Evangelien», hallte es durchs Treppenhaus.

Er blätterte in der Bibel. Evangelien fand er vier. Typisch Christentum, dachte er, mehr als ein Weihnachtsgesetz. Worauf sollte er sich da verlassen können? Nachdem er da und dort diagonal gelesen hatte, entschied er sich für das Lukasevangelium. Da wurde die Weihnachtsgeschichte so erzählt, wie er sie von Krippenspielen aus der Schulzeit kannte. Eine Erinnerung holte ihn ein. Er musste schmunzeln. Wegen seiner kräftigen Stimme hatte er die Rolle des Wirtes der Herberge «Zum goldenen Leuen» bekommen. Ein grimmiges Gesicht musste er machen und dem Josef mit barscher Stimme sagen: «Alles belegt! Kein Platz mehr! Und dass deine Frau schwanger ist, das ist nicht mein Problem!» – Er klappte die Bibel zu. Er war gerettet. «Ich werde im Altersheim schlicht und einfach die Weihnachtsgeschichte vorlesen», nahm er sich vor.

Und er hatte Erfolg damit. Gerührt dankte ihm eine alte Dame. Eine andere erinnerte sich, sein Gesicht auf den Wahlplakaten gesehen zu haben. Der Altersheimleiter bedankte sich mit einer Flasche Rotwein und meinte, es würde ihn freuen, ihn im nächsten Advent wieder begrüssen zu dürfen.

Der Heiligabend im Familienkreis verlief ganz nach seinem Wunsch. Die Tochter war gekommen, mit Mann und Kind. Die beiden Söhne auch. Die Sösschen, die seine Frau zum Fondue Chinoise gemacht hatte, waren köstlich. Der Burgunder dazu eine Freude. Die ganze Familie war da und er konnte die ersten Müsterchen aus Bern zum Besten geben.

Nach dem Essen legte er im Cheminée zwei Holzscheite nach, drehte sich um und fragte: «Wie wäre es, wenn wir heute Abend zum Weihnachtsgottesdienst gingen?»

«Was ist mit dir geschehen, Bruno?», wunderte sich seine Frau. «Vorgestern hast du nach der Bibel verlangt, und heute willst du zur Kirche!»

«Du bist doch nicht etwa krank?», argwöhnte sein Jüngster.

Er lachte: «Nein, nein, mir geht es bestens. Es war nur so eine Eingebung. Ich habe kürzlich im «Facts» einen Artikel über die Kirche gelesen. Darin stand, dass die Kirchen unter dem Druck des Mitgliederschwundes mit allen Mitteln den Turnaround suchten. Allerorten seien Leitbilder in Arbeit, würden Kirchenmitglieder als Kunden neu definiert und Marketing gehöre nun zu den Aufgaben von Gottes Bodenpersonal. Und da wir im Dorf einen jüngeren Pfarrer haben, dachte ich, dass vielleicht auch bei uns etwas davon zu spüren ist.»

Ehefrau und Tochter schlossen sich ihm an. Die jungen Männer dagegen widmeten sich mit Hingabe dem Aufbau der Legobahn, die eigentlich für den kleinen Yannick bestimmt war.

Beim Betreten der Kirche spürte er die Blicke auf sich. Angenehm, dass man ihn bemerkte, unangenehm, weil er sich hier etwas fremd fühlte. Aber die Musik gefiel ihm. Orgel und zwei Bläser – sehr triumphal. Kraftvoll schmetterte er bei «Tochter Zion» mit. Dann kam die Predigt. Lebendig und eindrücklich. Der Predigt vorangestellt war ein Bibelwort, das ihm fremd war. «Meine Kraft ist in den Schwachen mächtig, spricht der Herr.» Was soll das?, fragte er sich. Doch dann folgte der Pfarrer der Weihnachtsgeschichte des Lukasevangeliums, und da kannte er sich aus. Genüsslich lehnte er sich zurück, um zuzuhören, nicht als des Pfarrers Schäfchen, sondern als einer, der auch Bescheid wusste. Aber dann dünkte es ihn, der Pfarrer schweife ab. Gottes Kraft sei die Kraft der Hoffnung, sagte er und erzählte von Elisabet und Maria, zwei Frauen, die beide auf unerwartete Weise schwanger wurden. Dass die Kraft der Hoffnung in den Frauen heranreife, sei eine alte, geradezu biologische Wahrheit. Ebenso, dass sie in den Kindern weiterlebe. Der Pfarrer sprach weiter von der Kraft der Hoffnung, die wir im Kind in der Krippe finden könnten, und als Abglanz des Göttlichen in jedem neugeborenen Kind. Er sprach davon, wie ein kleines Kind selbst dem hartgesottensten Kerl ein Lächeln abzuringen vermöge.

Er ertappte sich, wie er leicht nickte. Ja, er dachte an die leuchtenden Augen des kleinen Yannick im Kerzenlicht des Christbaums: Dem konnte er zustimmen. Der Pfarrer war aber in seiner Rede schon fortgefahren und sprach davon, wie das Jesuskind die Herzen der Hirten gewonnen hatte, und dass es ganz im Sinne von Weihnachten sei, wenn sich die Politiker, die ja auch eine Art Wächter über das Wohl von weissen und schwarzen Schafen seien, sich durch das Lächeln der Kinder dazu bewegen liessen, da und dort den notwendigen Kredit für einen Krippenplatz zu sprechen. – War diese Bemerkung nötig? Seine Weihnachtslaune war dahin. Verärgert dachte er, dass sich der Pfarrer gescheiter, wie er, darauf beschränkt hätte, die Weihnachtsgeschichte des Lukasevangeliums vorzulesen. Unruhig rutschte er auf der Kirchenbank hin und her. Nichts von Kundenfreundlichkeit und Marketing. Das Orgelspiel war ihm eine Erlösung.

Er strebte dem Ausgang zu. Vor der Kirche grüssten ihn viele freundlich. Er rang sich ein aufgesetztes Lächeln ab. Auf dem Heimweg hängte sich seine Frau bei ihm ein. Er liess es geschehen. Sie zog ihn im Gehen näher an sich heran und sagte: «Hat er das nicht gut gesagt, unser Pfarrer? Das mit der Hoffnung, den Frauen und den Kindern?» Er setzte einen Fuss vor den andern und schaute schweigend auf seine nach vorne schnellenden Schuhspitzen. Wieder beschlich ihn das unangenehme Gefühl, in seiner Frau könnte manches verborgen sein, von dem er keine Ahnung hatte.

Jürg Scheibler
Golden Peace

EIN VERDUNKELTER KONFERENZRAUM der Firma
«IT Games». Ein düsterer Abend kurz vor Weihnachten – es ist halb sechs. Während sich in den Strassen
der Stadt die Passanten drängen, um ihre letzten Weih-
nachtsgeschenke zu kaufen, darf man bei «IT Games»
zufrieden sein. Das Geschäft läuft auf Hochtouren, denn
das neu entwickelte Computerspiel «Galactic Wartimes»
geht weg wie warme Semmeln. Die Kasse klingelt – frohe Weihnachten, Herr Direktor! Doch bei «IT Games»
knallen die Korken noch nicht. Gerade jetzt gilt es, die
Produktionsstrategie nicht aus den Augen zu verlieren.
Und so werden im Besprechungsraum von den Spielex-
perten neue Ideen an die Leinwand projiziert: Bei «Atomic Heroes» soll derjenige gewinnen, der Macht über
die grösste Zahl von Atomanlagen erlangen kann. Oder
darf es «Roman Empire» sein, wo man als Kommandant
einer römischen Truppe im Norden das Imperium gegen
den Einfall der Teutonen verteidigen soll? Da lacht der
Direktor auf den Stockzähnen. Ein anderer Spielexperte
macht sich für seine Idee «Genetic Lions» stark, genma-
nipulierte Löwen, die über die südliche Hemisphäre Tod

und Verwüstung bringen und die man mit allen Mitteln bekämpfen muss. Die Diskussion läuft heiss: Die einen wollen die Atomkraftwerke, die anderen die römische Armee, und wieder andere favorisieren die Löwen.

Einer steht still in der Ecke. Er ist noch jung, ein Praktikant, trägt eine kleine Brille mit runden Gläsern. Er hört genau zu. Erst gegen Ende der Diskussion wagt er zu sagen: «Ich hätte auch einen Vorschlag.» Erstaunt drehen sich die Spezialisten nach ihm um. «Mein Spiel heisst ‹Golden Peace›, der goldene Friede. Ich gebe zu, die Idee stammt nicht von mir; ich habe in einem Buch davon gelesen. In ‹Golden Peace› lebt die Hauptfigur als kleines Kind in einer sehr gewalttätigen Welt: Da gibt's wilde Löwen und Schlangen und gewalttätige Menschen, die sich gegenseitig umbringen. All das kennen Sie ja bereits von Ihren Spielen. Jetzt allerdings muss das Kind versuchen, Schritt für Schritt Frieden in diese virtuelle Welt zu bringen. Man muss mit den Figuren verhandeln, man muss ihre Zustimmung erhalten, indem man sie überzeugt. Man muss für Gerechtigkeit und Frieden kämpfen. Gewinner ist, wer die Welt so zum Guten verändert hat, dass man sie nicht mehr wiedererkennt: Die Löwen fressen Stroh, Säuglinge liegen bei den Schlangen, und die Menschen führen keine Kriege mehr. Das ist meine Spielidee.»

Betretenes Schweigen. Darauf die erste Frage eines Spezialisten: «Und die Waffen? Über welche Waffen verfügt man? Sturmgewehre, Minen, Panzer? Gibt es eine Armee, damit man an die Macht kommen und die Bösen bestrafen kann?» – «Ich glaube, Sie haben mich nicht ganz verstanden, lieber Kollege. In meinem Spiel kommt man mit Gewalt nicht zum Ziel. Im Gegenteil. Die Hauptfigur hat gerade keine Waffen zur Verfügung. Das Gespräch ist die einzige Waffe, wenn ich das so sagen darf. Man siegt im Dialog!»

Wieder betretenes Schweigen ... aber schon bekommt der Erste einen Lachanfall: «Der spinnt ja total, der Typ! Will der ‹IT Games› ruinieren?! Niemand wird ein solch langweiliges Spiel kaufen! Elender Pazifist!»

Der junge Mann versucht sich zu verteidigen: «Meine Herren, bitte, das ist doch nicht langweilig! Im Gegenteil, es ist schwierig, eine gewaltige Herausforderung. Da reicht Ballern nicht. Und auch für uns dürfte es eine Herausforderung sein, ein derartiges Spiel zu programmieren. Stellen Sie sich nur die ganzen Dialogmöglichkeiten vor, die wir einbeziehen müssten. Ich sage Ihnen: ‹Golden Peace› ist etwas ganz Neues, Revolutionäres auf dem Computerspielmarkt – noch nie gesehen!»

«Noch nie gesehen?», herrscht der Direktor den jungen Mann an. «Was für eine stupide Idee – ein Löwe, der Stroh frisst! Hat denn das schon einmal jemand gesehen?! Und eine Schlange bei einem Baby – so ein Irrsinn! Ihr Spiel hat nichts, aber auch gar nichts mit der Wirklichkeit unserer Käufer zu tun!»

«Wie alle anderen Spiele von ‹IT Games› auch nicht, Herr Direktor. Denn die Kunden, die unsere Spiele kaufen, spazieren ja glücklicherweise auch nicht mit Maschinengewehren durch die Strassen. Ich erlaube mir die Frage: Was ist denn die Wirklichkeit? Ist denn wirklich Krieg bei Ihnen zu Hause, weil Sie abends den Fernseher andrehen und die Nachrichten sehen? Diese Gewalt betrifft ja nicht Sie! Sie wissen nicht, was ihnen eine Gewehrkugel anhaben kann. Deshalb wage ich zu behaupten, dass auch die Gewalt, die Sie sich in Ihren Spielen vorstellen, nichts mit Ihrem wirklichen Leben zu tun hat. Dennoch, auf eine gewisse Weise ist sie doch Ihr Leben – denn sie existiert in Ihrem Kopf. Wenn Sie am Sonntagnachmittag vor dem Cheminée-feuer sitzen und von einem Jahr Ferien träumen; wenn Sie sich vorstellen, wie es wäre, wenn Sie nicht an Bilanzen und Zahlen denken müssten, dann ist das etwas Ähnliches. Und da würden Sie auch sagen, das sei nicht Ihre Wirklichkeit? Ihre Träume, Ihre Wünsche sind nicht wirklich, Herr Direktor? Was ist denn wirklicher? Was

66

Sie in der Zeitung lesen und am Fernsehen sehen, oder was in Ihrem Kopf abläuft, in Ihrem Herzen spricht? Ich bin Realist und Utopist wie Sie, denn mein Traum von Frieden und Gerechtigkeit ist genauso wirklich wie Ihre gespielte Gewalt!!» – «Schweigen Sie jetzt, das reicht! Ich habe es nicht nötig, dass man mir eine Moralpredigt hält! Verlassen Sie sofort den Raum und geben Sie gleich Ihre Schlüssel ab! Ich will Sie nicht mehr sehen! – Meine Herren, ich habe entschieden, wir gehen das Projekt ‹Atomic Heroes› an. Ein erster Entwurf liegt noch vor Weihnachten auf meinem Tisch! – Pietro, fahren Sie den Wagen vor!»

«Was ist überhaupt wirklich: Eine Idee in meinem Kopf oder ein Bericht am Fernsehen? Gewalt, die ich mir vorstelle, oder mein Traum vom Frieden? Was ist wirklicher ...?» Der Direktor lässt die aufgeworfenen Fragen in sich nachklingen. Er schaut aus dem Fenster seiner Limousine. Regentropfen rinnen langsam an der Scheibe aus Sicherheitsglas herunter. Er hat den Chauffeur gebeten, das Radio auszuschalten. Er braucht Ruhe. Warum hat ihn die Begegnung mit diesem Mann so durcheinandergebracht, ihn, den harten Geschäftsmann, den sonst nie etwas verunsichert? Dieser junge Praktikant mit seinen langen Haaren und der runden Brille – Tausende gibt's von denen. Aber dieser eine hat Spuren in seinem Kopf und seinem Herzen hinterlassen.

Am Abend steht der Direktor vor dem Spiegel und formt mit den Händen zwei Ringe vor seinen Augen wie die Brille des jungen Mannes. Nein, das ist nicht er – er ist anders: realistisch, nüchtern, rational ... obwohl ... «Liebling, könnten wir dieses Jahr einen Löwen zu den Krippenfiguren stellen?» – «Einen Löwen!?» – «Ja, einen Löwen, der Stroh frisst, weil er aufgehört hat, Fleisch zu fressen. Das ist eine alte Legende. Und das würde ja auch noch ganz gut zu Weihnachten passen.» – «Du mit deinen Computerspielen! Wo hast du denn diese Geschichte her – aus einem Science-Fiction-Buch?» – «Nein, nein, gar nicht! Man hat mir heute gesagt, das sei eine alte Geschichte, ich vermute, älter noch als die Weihnachtsgeschichte. Oder was denkst du, man könnte neben die Krippe auch eine Schlange stellen, die über das Jesuskind wacht?» – «Alles, was recht ist, aber keine Schlange bitte! Ich stell dir den Löwen hin.»

Und am nächsten Tag gibt der Direktor als Erstes seiner Sekretärin den Auftrag, die Adresse dieses jungen Praktikanten ausfindig zu machen, der die Idee zu «Golden Peace» hatte – vielleicht ist ja sein Vorschlag gar nicht so übel.

Aber niemand kann den jungen Praktikanten finden. Er hat die Stadt schon verlassen. Wer weiss, bei welchen Spezialisten er sich jetzt gerade einmischt …?

Luzius Müller

Das Ende von Weihnachten

DER ADVENT BEGANN WIE IMMER. Am ersten Adventssonntag wurde die erste Kerze entzündet. Sie erhellte die dunklen Tage des Dezembers. Weihnachtsschmuck verbreitete vorweihnachtliche Stimmung. Da und dort roch es nach Weihnachtsgebäck.

Am 6. Dezember kam rot und dicklich der Nikolaus. Mit Nuss und Apfel war er ein willkommener Vorbote von Weihnachten. Der Nikolaus hatte einen Sack voller Geschenke und blieb bis zu den Festtagen, denn er heisst andernorts Weihnachtsmann.

Im Laufe der nächsten Tage fanden sich die ersten Engel ein. Sie probten ihre Lieder und putzten ihr Gefieder. Auch die Hirten führten ihre Schafe auf die Weiden in der näheren Umgebung, um am Heiligen Abend pünktlich im Stall zu sein. In vergangenen Jahren kam es vor, dass die Hirten zu spät eintrafen, was den Ablauf der Feierlichkeiten verzögerte.

So verging der Advent mit Vorbereitungen. Bald brannten auf dem Adventskranz vier Kerzen, die Türchen am Adventskalender waren alle offen, die Bäume geschmückt und übers Feld sah man die heilige Familie kommen. Wie jedes Jahr begrüssten sich alle freundlich, man band den Esel im Stall neben den Ochsen und dann wurde das Christkind geboren. Hell strahlte der Stern über Betlehem. Die Engel benachrichtigten mit ihrem Gloria die Hirten und es war ein recht weihnachtlicher Abend.

Am Weihnachtsmorgen stellte ein Hirt fest, dass zwei seiner Schafe fehlten. Nun waren im allgemeinen Trubel der Heiligen Nacht auch schon Schafe entlaufen. So machte sich niemand Gedanken darüber, ausser dem Hirten, der seine beiden Schafe noch während Stunden suchte.

Am Morgen des 30. Dezembers fehlten drei weitere Schafe und der Ochse. Das war seltsam, denn ein Ochse entläuft nicht, und wenn, dann kommt er nicht weit. Da aber Silvester vor der Türe stand, waren alle mit anderem beschäftigt und konnten sich nicht um verschwundene Tiere kümmern. In der folgenden Nacht ging niemand verloren; es kam aber auch niemand zurück.

Wie alle Jahre verbreitete sich am Neujahrstag die Kunde, die drei Weisen aus dem Morgenland seien nicht mehr fern. Man erwartete sie am 3. Januar. Sie kamen immer etwas früher, um alles in Ruhe vorzubereiten.

Aber dieses Jahr kamen sie nicht; am dritten nicht und auch am vierten nicht. Ein paar Engel und Hirten liefen los, um sie zu suchen. Gegen Abend des vierten kamen sie zurück, bleich und erschüttert. Sie hatten weder die Weisen noch ihre Kamele gefunden. Aber einer der Hirten hielt ein Kleidungsstück in Händen, das alle zweifelsohne als Balthasars Turban identifizierten.

Nun erhärtete sich der Verdacht, der hinter vorgehaltener Hand schon die Runde gemacht hatte: Ein Wolf musste sein Unwesen treiben. In der Nacht wurde eine Wache aufgestellt. Josef, der Weihnachtsmann, die vier Engel und die vier Hirten teilten sich in Gruppen auf. Maria, das Christkind und die kleinen Engel sollten schlafen.

Die ganze Nacht verlief ruhig. Bloss die letzte Wache, zwei Hirten und ein Engel, war von ihrem Rundgang nicht zurückgekehrt und blieb verschollen. Grosse Aufregung. Auch einige Schafe fehlten, und der Esel war weg. Bis zur dritten Wache sei der Esel noch im Stall gewesen, berichtete der Weihnachtsmann. Was war nur zwischen der dritten Wache und dem Morgengrauen geschehen?

In der kommenden Nacht sollte dauernd ein helles Feuer brennen. Bis nach zwölf sollten alle aufbleiben. Dann Josef, zwei Engel und ein Hirt wachen. Um drei Uhr sollte die Gruppe durch den Weihnachtsmann, einen Engel und einen Hirten abgelöst werden. Die zweite Gruppe bestand zwar nur aus drei Mann, aber der Nikolaus war kräftig und zählte für zwei.

Wieder blieb vorerst alles ruhig. Die Wachablösung verlief ohne Zwischenfälle. Niemand fehlte bis zu diesem Zeitpunkt. Gegen fünf Uhr schreckte der eine Engel plötzlich aus dem Schlaf auf. Er lag etwas abseits. Der Atem stockte ihm bei dem Bild, das sich bot. Seine Kollegen und die Hirten waren weg. Die verbliebenen Schafe rannten wild blökend umher. Im Schein des Feuers sah er, wie der Weihnachtsmann eben dabei war, die heilige Familie zu verschlingen. Nachdem sich der grosse Mann in der roten Kutte auch die Krippe in den Mund gestopft hatte, trat er auf den Engel zu. Dieser konnte sich erst vor Schreck nicht regen. Dann aber erwachte er aus seiner Starre. «Was tust du?», schrie er. «Du frisst ja unsere ganze Geschichte!» «Ja», sagte der Weihnachtsmann und zuckte mit den Schultern. «Aber sieh doch», fügte er an «den Leute gefällt das. Sie lesen immer noch. Eure alte Geschichte liest keiner mehr.» «Aber ohne unsere Geschichte gibt es doch keine Weihnachten und auch dich nicht!», erwiderte der Engel entsetzt. «Ach, das weiss doch längst niemand mehr», entgegnete der Weihnachtsmann dumpf, packte den Engel und verschlang ihn. Dann griff er sich die durcheinanderrennenden Schafe und frass auch die. Schliesslich riss er den Adventskranz vom Tisch, die Sterne vom Himmel, die Weihnachtsbäume aus dem Boden und verschluckte alles.

73

Das war das Ende von Weihnachten. Dick und rot sass der Weihnachtsmann da, eine blinkende Lichterkette um den Hals, rülpste und blickte dümmlich-unschuldig um sich. Dann begann er seine Geschenke zu verteilen.

Luzius Müller

Es begab sich aber ...

ES BEGAB SICH ABER ZU DER ZEIT, dass ein Gebot von Kaiser Augustus ausging, dass alle Welt geschätzt würde. Und diese Schätzung war die erste und geschah zur Zeit, als Quirinius Statthalter in Syrien war.

So gingen auch Maria und Josef von Galiläa, aus der Stadt Nazaret hinauf nach Betlehem, um Weihnachtseinkäufe zu machen. Und schon im Stau vor Judäa gerieten die beiden ordentlich aneinander wegen Marias positivem Schwangerschaftstest. Was für eine Geschichte Maria da dem Josef aufgetischt hatte! Er war ausser sich, kam sich vor wie ein Esel – ein gehörnter! Es begab sich aber, während sie dort waren, da vollendeten sich die Tage und Maria gebar ihren ersten Sohn und wickelte ihn in Windeln und legte ihn in eine Krippe, denn an Weihnachten machte sogar der Tankstellenshop um 22.00 Uhr dicht. Und diese Besenkammer von Zimmer in der Herberge zu dem Preis ... Da war der Stall direkt ein Palast dagegen, punkto Preis-Leistungs-Verhältnis.

Und es waren in derselben Gegend Hirten auf dem Felde, die warteten schon die halbe Nacht auf die Engel: Wo sie nur blieben? Sie sollten doch längst singen. Das Stichwort «Hirten auf dem Felde» verhallte ungehört – nichts geschah. Die Engel hatten sich verspätet, weil sie nach dem Weg fragen mussten: Wo ist das Feld? Welches Feld denn? Na, das mit den Hirten! Als sie endlich mit einiger Verspätung auf dem Feld ankamen, waren die Hirten weg. Damit es mit der Geschichte vorwärtsging, hatten sie sich auf den Weg gemacht und genehmigten sich eben die vierte Runde Glühwein im Sternen in Betlehem.

Da leuchteten die himmlischen Heerscharen verdutzt und der grosse Engel wartete auf Regieanweisungen. Die Schafe trollten sich nun auch. Was sollten sie hier noch? Die heiligen drei Könige hatten derweil Probleme an der Grenze wegen der Einfuhr von Waren, die sie meinten, nicht deklarieren zu müssen. Man bezichtigte sie der Steuerflucht. Maria vergass im allgemeinen Durcheinander die Worte, welche sie in ihrem Herzen hätte bewegen sollen. Ob es wohl jemand merken würde? Der Ochse war in Wirklichkeit eine gewöhnliche Kuh. Sie war aber gerne Kuh und wollte daran nichts ändern. Der Friede auf Erden hielt sich auch in dieser Nacht eher zurück. Josef versuchte in seiner Verlegenheit, eine Flasche Champagner aufzutreiben, um die Sache irgendwie zu retten. Das Publikum begann nun, an der Kasse sein Geld zurückzuverlangen. Augustus war entsetzt und drohte mit einer Klage, wenn sein Name nicht augenblicklich aus dem Stück gestrichen würde. Das Ganze wurde eine rechte Pleite, und diese Geschichte ist überhaupt keine schöne Weihnachtsgeschichte.

Christus kam trotzdem.

Luzius Müller

Süsser die Glocken klingen ...

IRREN IST MENSCHLICH. Ich irre durchs Warenhaus. «Keine Geschenke», hatten wir gesagt, «keine Geschenke!» Aber natürlich: «keine» heisst nicht: «gar keine». Wer will schon mit leeren Händen dastehen, wenn man dann doch beschenkt wird. Lieber sieht man den anderen um Erklärungen ringen und wirft sich in die Pose des Selbstlosen: «Ich bitte dich – ich bin einfach darauf gestossen und hab an dich gedacht.» Innerlich: Nächstes Jahr gibt's nix mehr. Und wenn er dann was für mich hat? Dilemma!

In der Schlange an der Kasse. Ich schwitze. Ich hätte den Mantel doch ausziehen sollen. Jetzt ist es zu spät; die Hände voller Geschenke, das Hemd nass. Hier stehe ich und kann nicht anders: Sieben Leute vor mir, sechs hinter mir. Ich gerate in Trance. Apathie erfasst mich: Ich dissoziiere im Würgegriff der Weihnachtszeit. Wie ausgesprochen hässlich alle Leute um mich herum sind. Ob sie auch schwitzen? – ich darf nicht daran denken.

Lange Minuten später bin ich auf Platz drei vorgerückt. Verdammt, das Geschenk für Hans! Egal: Wir schenken uns nichts. Nichts? Gar nichts – rein gar nichts!

Wir werden uns wissend anlächeln und sagen: «Ich habe nichts für dich!», und uns wie Könige fühlen, die eben ihr halbes Reich den Armen verschenkt haben. (Und wenn er doch was hat, dann seien diese Zeilen mein Geschenk an ihn …)

Platz zwei: Nun bitte keine Panne an der Kasse, keine Komplikationen, kein Papierstau, keine Fremdwährungen, kein Erdbeben. Nach mir – nach mir die Sintflut, aber bitte, bitte nicht jetzt.

Platz eins. In wenigen Augenblicken werde ich diesem Hades entsteigen. Fräulein Zerberus tippt, ohne aufzublicken.

Jetzt die Karte. Karte rein – warten – Abbruch – Karte raus. Karte am Revers polieren. Karte wieder rein. PIN eingeben. Warten. Immer noch warten. Verlegenes Lächeln: «Es passiert nichts.» Abbruch. Karte raus. Dritter Versuch, er scheitert auch. Herr-erbarm-erbarme-dich. Andere Karte: Neues Spiel, neues Glück. Karte rein. Hinter mir eine Herde Ungeheuer, scharrend und schnaubend. Blicke dich nicht um. PIN eingeben. Warten. «Nein, ich habe mein Konto nicht überzogen!» Bloss heim, ins Bett, Decke über den Kopf ziehen.

Sekunden vergehen – nichts geschieht. Alles blickt gebannt zur Kasse – ein Moment der Regungslosigkeit und Ruhe. Ein kurzer Moment – zwei Sekunden – eine kleine Apokalypse. Ein Moment, um einen Herzinfarkt zu kriegen oder einfach alles liegen zu lassen und zu gehen – nicht nach Hause, einfach weg, oder das Leben von Grund auf zu ändern und ein Wohltäter der Menschheit zu werden oder ein Amokläufer oder überhaupt nichts zu tun, und auf einmal war da die Menge der himmlischen Heerscharen, die lobten Gott und sprachen: Ehre sei Gott in der Höhe und Friede auf Erden unter den Menschen, an denen Gott Wohlgefallen hat.

Das Rattern der Kasse. Liebe Mithirten – ich hab's geschafft, verlasse die Herde – taumelnd. Ich gehe heim, in den Stall, lege mich an Marias Brust: Wiege auch mich, Mutter Gottes.

Luzius Müller

Kurze Gespräche um Weihnachten

Donnerstag, 24. März, 19.00 Uhr
Kurzes Gespräch Josefs mit Maria:
Was, schwanger!?!

Montag, 11. April, 17.30 Uhr
Kurzes Gespräch am Feierabend:
Wenn wir wieder in die Weihnachtsferien fahren wollen,
müssen wir jetzt buchen.

Donnerstag, 2. Juni, 10.00 Uhr
Kurzes Lied der Maria:
Mächtige hat er vom Thron gestürzt und Niedrige
erhöht.

Montag, 7. November, 21.00 Uhr
Kurzes Gespräch an der Ecke:
Es schneit.

Freitag, 25. November, 10.20 Uhr
Kurzes Gebot des Kaisers Augustus:
Lasst euch schätzen! (Was nicht dasselbe ist wie: Ich schätze euch.)

Dienstag, 29. November, 16.30 Uhr
Kurzes Gespräch im Geschäft:
Gibt's diesen Pullover auch in *medium*?
Nur, was im Regal ist.

Dienstag, 6. Dezember, 18.15 Uhr
Kurze Rede des Kindes:
Der Nikolaus soll gehen!

Sonntag, 11. Dezember, 12.40 Uhr
Kurzes Gespräch im Fitnesscenter:
Nach Weihnachten mache ich Diät.

Montag, 12. Dezember, 17.50 Uhr
Kurzes Gespräch mit dem Kind:
Achtung, die Kerze ist ganz heiss. – Ich habe dir doch gesagt, dass die Kerze heiss ist!

Mittwoch, 14. Dezember, 20.00 Uhr
Kurzes Gespräch nach dem dritten Advent:
Ich habe noch kein einziges Geschenk gekauft.

Freitag, 16. Dezember, 11.30 Uhr
Kurze Rede des Lehrers:
Und dann sagte der Engel zu den Hirten: «Friede auf» –
verdammt noch mal, Cedric, jetzt reicht's!

Montag, 19. Dezember, 22.10 Uhr
Kurzes Gespräch bei einem Bier:
Ich kann Weihnachten nicht zu Hause feiern.

Dienstag, 20. Dezember, 21.30 Uhr
Kurzes Gespräch bei der Firmen-Weihnachtsfeier:
Jetzt ist mir schlecht.

Mittwoch, 21. Dezember, 9.15 Uhr
Kurzes Gespräch mit dem Kind:
Und was brachte der Weihnachtsmann dem
Christkind?

Donnerstag, 22. Dezember, 10.45 Uhr
Kurzes Gespräch in der Warteschlange auf der Post:
– – –

Freitag, 23. Dezember, 18.45 Uhr
Kurzes Gespräch im Gasthaus:
Leider alles belegt, ausser ein Stall …

Freitag, 23. Dezember, 18.47 Uhr
Kurzes Gespräch an der Hotline:
Im Augenblick sind leider alle unsere Leitungen belegt,
wir bitten Sie um einen Moment Geduld.

Samstag, 24. Dezember, 12.20 Uhr
Kurzes Gespräch mit Passant:
Grüezi.

Samstag, 24. Dezember, 13.30 Uhr
Kurzes Gespräch zwischen Verkäuferinnen:
Noch zweieinhalb Stunden.

Samstag, 24. Dezember, 17.00 Uhr
Kurzes Gespräch im Stall:
Ein Junge!

Samstag, 24. Dezember, 18.15 Uhr
Kurzes Gespräch mit dem Pfarrer:
Ich gehe eben nur sehr selten in die Kirche.

Samstag, 24. Dezember, 20.30 Uhr
Kurzes Gespräch unter dem Weihnachtsbaum:
Das ist für dich.
Oh, ich habe gar nichts für dich.

Samstag, 24. Dezember, 21.40 Uhr
Kurzes Gespräch auf der Strasse:
Frohe Weihnachten!
Wie?

Samstag, 24. Dezember, 22.30 Uhr
Kurzes Gespräch der Engel mit den Hirten:
Ehre sei Gott in der Höhe und Friede auf Erden.
Wo?

Samstag, 24. Dezember, 23.25 Uhr
Kurzes Gespräch des Ochsen mit dem Esel:
Muh!
I-a!

Sonntag, 25. Dezember, 2.15 Uhr
Kurzes Gespräch nach Heiligabend:
Aber es war trotzdem wieder so schön.

Donnerstag, 29. Dezember, 15.50 Uhr
Kurzes Gespräch der drei Könige:
Der Herodes hat etwas Falsches. Ich weiss nicht – der
hat etwas Falsches.

Dienstag, 3. Januar, 10.30 Uhr
Kurzes Gespräch im Geschäft:
Umtausch nur beim Kundendienst.

Freitag, 6. Januar, 14.00 Uhr
Kurze Rede des Johannes:
Ecce agnus dei qui tollit peccata mundi.

Verzeichnis der Autorinnen und Autoren

Pfr. Dr. Franz Christ (1944),
ehemaliger Pfarrer am Basler Münster

Pfrn. Rosina Christ (1976),
Pfarrerin in Bennwil-Hölstein-Lampenberg

Pfr. Dr. Clemens Frey (1956),
Pfarrer in der Tituskirche Basel

Pfrn. Marianne Graf-Grether (1946),
ehemalige Pfarrerin in St. Leonhard Basel

Pfrn. Andrea Meng (1979),
Pfarrerin im Gemeindehaus Stephanus Basel

Pfr. Dr. Luzius Müller (1969),
Pfarrer im reformierten Pfarramt beider Basel an der
Universität

Pfr. Hans Rapp (1954),
Spitalseelsorger im Bruderholzspital

Pfr. Werner Reiser (1925),
ehemaliger Pfarrer am Basler Münster

Pfr. Philipp Roth (1964),
Pfarrer in Kleinbasel

Pfr. Jürg Scheibler (1969),
Pfarrer im Gemeindehaus Stephanus Basel

Pfr. Heiner Schubert (1964),
Studienleiter im Gästehaus Montmirail der
Communität Don Camillo

Pfr. Robert Ziegler (1948),
Pfarrer in Pratteln-Augst